어둠을 뚫고 시가 내게로 왔다

어둠을 뚫고
시가 내게로 왔다

서가
명강
07

소외된 영혼을 위한 해방의 노래,
라틴아메리카 문학

김현균 지음

서울대학교
서어서문학과 교수

César Vallejo

Rubén Darío

Nicanor Parra

Pablo Neruda

21세기북스

자연과학

自然科學, **Natural Science**

과학, 수학, 천문학,
물리학, 생물학, 화학, 의학

사회과학

社會科學, **Social Science**

경영학, 심리학, 법학, 정치학,
외교학, 경제학, 사회학

예술

藝術, **Arts**

음악, 미술, 무용

문학

文學,
Literature

인문학

人文學, **Industrial Engineering**

언어학, 역사학, 종교학,
고고학, 미학, 철학, 문학

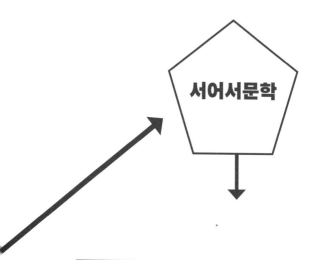

서어서문학이란?
西語西文學, Hispanic Language and Literature

스페인어권 세계의 언어와 문학을 탐구하는 학문이다. 문헌학적 접근뿐만
아니라 사회와 문화에 대한 폭넓은 이해를 통해 우리의 인식 지평을 넓히는
한편, 인간다움의 추구라는 인문학의 근본정신을 구현하는 것을 목표로
한다. 최근에는 스페인어권과 역사적, 문화적, 언어적으로 친연성이 높은
포르투갈어권까지 범위를 확장하여 이베리아 반도와 라틴아메리카, 미국의
라티노 공동체를 아우르는 광대한 지역을 교육과 연구의 대상으로 삼는
경향이 강화되고 있다.

이 책을 읽기 전에 주요 키워드

붐 세대(generación del boom)

유럽 문학이 침체기를 맞은 1960년대에 갑자기 '붐'을 이루며 등장한 라틴아메리카의 문학세대를 가리키며, 대표 작가로는 가르시아 마르케스(Gabriel García Márquez), 바르가스 요사(Mario Vargas Llosa), 푸엔테스(Carlos Fuentes), 코르타사르(Julio Cortázar) 등이 있다. 예술성과 대중성을 두루 갖춘 수준 높은 작품으로 라틴아메리카 문학을 세계 문학의 중심으로 끌어올렸다.

마술적 사실주의(realismo mágico)

신화와 민담, 환상을 포괄하는 광의의 현실 개념에 토대한 라틴아메리카 고유의 글쓰기 양식이다. 붐 세대의 등장과 함께 지배적인 경향을 이루었으며, 지역적 맥락과 경험적 현실에 대한 인식에서 출발한다는 점에서 라틴아메리카적 정체성의 모색과 밀접하게 연관되어 있다.

쿠바 혁명(cuban revolution)

1959년 피델 카스트로 주도로 바티스타 독재 정권을 종식시킨 역사적 사건으로, 1961년 쿠바가 사회주의 국가임을 천명하면서 민주주의 혁명에서 사회주의 혁명으로 이행하였다. 혁명을 기점으로 라틴아메리카에 대한 폭발적인 관심이 일었고, 이러한 현상은 붐 세대와 함께 라틴아메리카 문학이 국제화되고 라틴아메리카 문학이라는 용어가 보편화되는 결정적인 계기를 마련했다.

모데르니스모(modernismo)

19세기 말 프랑스의 고답파 및 상징주의와 접목되어 전개된 라틴아메리카 최초의 대륙적인 문학 운동으로 영미권의 모더니즘과는 엄연히 구별되는 개념이다. 근대적인 감수성과 혁신적인 미학을 통해 라틴아메리카 근대 문학의 문을 열었으나 예술지상주의, 세계주의 지향으로 현실 도피적이라는 비판을 받기도 했다.

상징주의(symbolism)

19세기 말 사실주의와 자연주의에 대한 반동으로 프랑스를 중심으로 유럽 전역에서 전개된 문학 사조로, 가시적 이미지를 통해 비가시적 관념을 암시적으로 표현하는 것이 특징이다. 우주 만물의 조화와 통일성이 음악적인 시의 리듬으로 구현된다는 아날로지적 비전은 모데르니스모에 결정적인 영향을 끼쳤으며, 프랑스 상징주의자들이 즐겨 사용한 '푸른색'은 루벤 다리오(Rubén Darío)의 시에서도 중요한 모티프로 등장한다.

창조주의(creacionismo)

비센테 우이도브로(Vicente Huidobro)라는 칠레 시인이 주창한 라틴아메리카 아방가르드의 한 유파다. 현실의 모방과 재현을 단호하게 거부하고 시인을 새로운 세계를 만들어내는 '작은 신'으로 규정하는 창조주의 미학은 "오 시인들이여! 왜 장미를 노래하는가 / 시 안에서 장미가 꽃피게 하라"는 시구에 응축되어 있다.

초현실주의(surrealism)

1917년 기욤 아폴리네르(Guillaume Apollinaire)가 처음 만들어낸 말로, 1924년 앙드레 브르통(André Breton)이 '초현실주의 선언'을 발표한 후 명확한 형태를 갖추게 된 문학 사조다. 이성의 통제와 간섭에서 탈피하여 무의식적, 비합리적 세계를 자유롭게 기술하는 자동기술법 등을 통해 궁극적으로 인간 정신의 전면적 해방을 추구한다.

반시(antipoesía)

1950년대에 칠레 시인 니카노르 파라(Nicanor Parra)가 주창한 시 개념으로 규범화되고 박제화된 과거의 시적 전통을 급진적이고 비타협적인 방식으로 부정하고 탈신화화하는 것이 특징이다. 하나의 특정한 경향에 구속되기를 거부하는 '안티' 정신으로 아방가르드와 리얼리즘을 동시에 회의하며, 눈에 띄게 일상성을 추구하는 미학적 태도를 보인다.

차례

1부 절망 속에서 희망을 노래하다
: 라틴아메리카의 위대한 시인들

2부 "슬프게도 저는⋯ 시인입니다!"
: 시인들의 시인, 루벤 다리오

3부 "너를 닫을 때 나는 삶을 연다"
: 잉크보다 피에 가까운 시인, 파블로 네루다

"네루다의 광대무변한 시 세계와
불의에 맞섰던 저항 시인의 실천적 삶이
나의 눈길을 사로잡았다."

어둠을 뚫고 책을 펼쳐들다

책을 자주 접하는 직업을 가진 탓일까, 이따금 나 자신에게 이런 질문을 던질 때가 있다. 나는 좋은 독자인가? 어떤 독자가 좋은 독자일까? 좋은 독자에 대한 정의는 사람마다 제각각이겠지만, 우선 롤랑 바르트가 말하는 주이상스 jouissance, 즉 규범을 초월한 원초적 즐거움에 몸을 맡기는 독자를 떠올릴 수 있겠다. 그러나 나에게는 좋은 독자의 조건을 찬찬히 짚어볼 겨를도 없이 떠오르는 강력한 이미지가 있다. 지팡이에 의지한 불안한 걸음으로 어스름에 잠긴 거대한 도서관 서가 사이를 서성이는 어느 노작가의 모습. 거의 시력을 상실한 호르헤 루이스 보르헤스 Jorge Luis Borges 얘기다. 50년이 넘는 긴 세월 오직 책에만 매달리고도 사윈 눈으로 책의 미로를 탐사하는 작가의 실루엣은 옷깃을 여미게 한다.

보르헤스는 1955년 아르헨티나에서 페론^Juan Domingo Perón 정부가 붕괴하고 난 후 오랫동안 꿈꿔온 국립도서관장에 임명된다. 그러나 그에게 주어진 행복은 완벽하지 못했다. 손만 뻗으면 80만 권의 책을 마음껏 이용할 수 있었지만, 전임자였던 폴 그루삭처럼 그의 눈은 하루하루 시들어갔던 것이다. 보르헤스가 담담한 어조로 시력 상실에 대한 소회를 밝힌 「축복의 시^Poema de los dones」를 쓴 것은 그 무렵이었다. 그의 작품을 통틀어 이 시만큼 가슴으로 읽어야 할 작품이 또 있을까.

여기에 "책과 밤을 함께 주신 오묘한 신의 아이러니"라는 뭉클한 표현이 나온다. 기구한 운명 앞에서도 보르헤스는 흔들림 없이 문학의 길을 갔다. "도서관을 낙원으로 꿈꾸었던 나는 / 그림자에 싸여 어정어정, / 지팡이로 더듬거리며, / 텅 빈 어스름을 탐사하네."

비록 눈으로는 볼 수 없지만 냄새를 맡고 손끝으로 느끼며 책의 물성物性마저도 사랑했던 보르헤스의 일화는 좋은 독자에 대한 어떤 정의보다, 또 독서를 부추기는 어떤 권고

보다 묵직하고 호소력 있게 다가온다. "우리의 자산은 우주"라는 통 큰 신념으로 주변부 작가의 한계를 넘어섰던 그에게 책읽기는 강력한 구름판이 아니었을까.

　이처럼 좋은 작가이기에 앞서 좋은 독자였던 보르헤스는 자신의 독자에 대한 생각도 남달랐다. 가장 영향력 있는 20세기 작가의 한 사람으로 평가되는 그의 문학적 성취는 오늘날 우리나라에서도 널리 인정받고 있는 듯하다. 그러나 1951년 카이와Roger Caillois가 『픽션들Ficciones』을 프랑스어로 번역하여 소개한 것을 계기로 유럽에서 명성을 얻기까지 보르헤스는 라틴아메리카를 벗어나면 무명작가에 가까웠다. 그의 단편집 『불한당들의 세계사Historia universal de la infamia』는 1935년 출간 당시 찾는 사람이 거의 없었다고 한다. 그런데 보르헤스는 우연히 어느 해에 그 책이 37부 팔린 것을 알게 되었다. 당시만 해도 문학 동호회나 친구들, 그리고 자신을 위해 글을 썼을 뿐 베스트셀러를 꿈꾸는 작가는 거의 없었다. 1년에 37부가 팔렸다면 독서 시장에서 반향을 거의 얻지 못한 셈인데, 훗날 보르헤스는 그 사실을 알게 되었을 때의 감상을 이렇게 회고했다. 37명의 독자를 일일이 찾아다니며 감사 인사를 건네고 싶었다고 말이다.

유명세를 얻고 수많은 독자들이 그 책을 찾게 되면서부터는 독자의 존재가 하나의 실체로 다가오지 않은 반면, 초기의 37명 독자는 한 사람 한 사람이 살아 있는 개체로서 더없이 소중하게 여겨졌다는 고백이다. 그는 부에노스아이레스의 서로 다른 거리들에 거주하는 37명의 남자 혹은 여자, 각양각색의 머리 모양과 과거를 가진 37명의 독자를 떠올리면서 매춘하듯 대중에게 책을 팔아 베스트셀러 작가가 될 수 없었던 시대, 아니 구매할 사람이 없어 매춘의 필요성조차 느끼지 못했던 상황이 문학을 위해서는 참 다행이었다고 말한다. 5천 명이나 1만 명의 독자는 이미 추상화되어 무無에 가까우니, 결국 한 부도 팔리지 않은 것과 마찬가지라는 게 그 이유다.

　　만약 당시에 보르헤스가 독자 개개인의 소중함을 모르는 대중 작가였다면 오늘날 큰 작가로 남을 수 있었을까? 진부하고 통속적이며 지극히 상업적인 작품을 염치없이 뽐내는 작가들의 교만과 허영에 비하면 독자를 대하는 그의 진지함과 겸허함은 얼마나 인간적이고 문학적인가. 그 뒤에는 독자의 주이상스를 위해 더 좋은 작품으로 보답하겠다는 참된 약속이 자리 잡고 있다. 보르헤스가 괜히 좋은 작가이기에 앞서 좋은 독자였던 것이 아니다.

라틴아메리카 문학 이야기를 시작하면서 보르헤스의 일화를 앞세우는 것은 지금 이 책을 펼쳐든 눈 밝은 독자 여러분에게 미리 감사의 마음을 전하기 위해서다. 독자 취향과 매체 환경의 급속한 변화 속에서 갈수록 시가 읽히지 않고, 관련 강의가 줄고, 대학원에서도 전공자를 찾기 어려운 현실을 떠올릴 때, 백발이 성성한 어르신부터 가방을 둘러멘 학생에 이르기까지 밤늦은 시간 강의실을 지켰던 수강생 한 사람 한 사람, 이 책을 펼칠 이름 모를 독자들 한 사람 한 사람이 참 고맙고 소중하다. 이 자리에서 기억하고 싶은 고마운 분들이 또 있다. 기획 단계부터 책이 나오기까지 열정과 격려를 아끼지 않으신 북이십일의 장보라 님, 양으녕 님, 강지은 님께도 깊이 감사드린다. 관심 갖기 어려운 낯선 주제에 귀기울여주는 분들에게 이제부터 일일이 눈 맞추며 라틴아메리카 시인들의 이야기를 전해드리겠다.

2019년 10월

김현균

1부_____

절망
속에서

희망을
노래하다

라틴아메리카의
위대한 시인들

손쉬운 유형화를 거부하는 창조적 다양성을 드러내는 라틴아메리카 문학. 이것이 세계 문학 속에 자신의 존재를 뚜렷이 각인시킨 것은 1960년대 가르시아 마르케스를 필두로 소위 붐 세대 작가들이 고갈된 유럽의 문학장을 충격하면서부터였다. 비교적 짧은 역사 속에서도 서구의 문학 전통을 창조적으로 수용하여 새로운 지평을 열어온 라틴아메리카 문학은 현재 진행형의 젊은 문학이며 미래를 향해 열려 있는 무한한 가능성의 영역이다.

이름 없는 변방에서
세계를 향하다

두 개의 유혹이 공존하는 땅

라틴아메리카는 일반적으로 33개의 독립국과 한 개의 준
독립국으로 구성된 지역을 가리킨다. 그런데 이 지역은 문
화적, 역사적 동질성이 두드러지는 동시에 다양성과 혼종
성의 공간이기도 하다.

예를 들면, 오늘날의 멕시코나 과테말라 등지는 예전의
아스테카나 마야 문명권에 속하는 지역으로 메스티소라
불리는 혼혈인들이 많이 거주하고 있고, 쿠바를 비롯한 카
리브해 지역은 노예무역의 아픈 역사로 인해 흑인 문화의
영향이 매우 강하다. 또한 페루로 대표되는 안데스 지역은
해안 지대의 백인 문화와 고산 지대의 선주민 문화가 공존

라틴아메리카 지도

하는 이원화된 문화 지형을 보여준다. 그런가 하면 아르헨티나와 우루과이 같은 라플라타 강 유역은 전 세계에서 백인 인구 비율이 가장 높은 지역의 하나다. 대규모 유럽인 이주자들에 의해 형성된 나라들이기 때문인데, 2013년 아르헨티나 통계청 자료에 따르면 이 나라는 인구의 95퍼센트가 백인이다. 자신의 혼혈성을 애써 감추려는 사람들의 존재를 감안하더라도 역내 다른 국가들과는 사뭇 대조적인 인종 구성을 보여준다.

우리가 흔히 히스패닉이라고 부르는 라티노 공동체도 빼놓을 수 없다. 이 초국적 영역은 우리나라보다 더 큰 경제 규모를 가지고 있고, 미국의 문화·정치 지형에서 나날이 그 중요성이 커지고 있다.

사정이 이렇다 보니 우리가 동아시아에 대해 질문하는 것처럼 라틴아메리카에 대해서도 이게 과연 하나의 통일체인지 의문을 갖게 된다. 그래서 라틴아메리카적 정체성, 즉 라틴아메리카성이라는 것이 실제로 존재하는지, 아니면 그것은 라틴아메리카의 객관적 현실이 아니라 본질적으로 담론이 구성한 허구적 신화, 즉 일종의 시뮬라크르는 아닌지 하는 물음이 다양한 학문 분야에서 끊임없이 제기

돼 왔다. 물론 문학도 예외가 아니다.

멕시코 시인 옥타비오 파스^{Octavio Paz}는 라틴아메리카의 정체성을 거론하면서 '이중의 유혹^{doble tentación}'이라는 표현을 썼다. 무슨 뜻인가? 멕시코시티 삼문화 광장 기념비에는 다음과 같은 글이 적혀 있다. 75일간의 치열한 공방전 끝에 아스테카 제국이 스페인 정복자들에 의해 멸망한 순간을 기록한 것이다.

1521년 8월 13일, 콰우테목은 사력을 다해 틀라텔롤코를 방어했으나 에르난 코르테스의 수중에 떨어졌다. 그것은 승리도 아니고 패배도 아니었다. 오늘의 멕시코를 형성하는 메스티소의 고통스러운 탄생이었다.

콰우테목^{Cuauhtémoc}은 아스테카의 마지막 황제이고, 틀라텔롤코는 오늘날의 멕시코시티 중심부이며, 코르테스^{Hernán Cortés}는 스페인 정복자다. 이로써 탄생한 메스티소의 몸속에는 백인 정복자의 피와 정복당한 선주민의 피가 함께 흐르고 있어 1521년의 사건을 쉽게 승리나 패배로 단정 지을 수 없는 것이다. 그러면 그들은 자신들의 정체성을 어떻게 규정할 것인가? 매우 곤란한 문제다. 어떤 사람들은 자신의 몸에 흐르는 백인 혈통에 더 기댈 것이고, 또 어떤 사람들은 선주민의 피에 더 무게중심을 둘 것이다. 그래서 서구 지향적인 유혹(코스모폴리타니즘)과 지역주의적인 유혹(아메리카니즘), 이렇게 두 개의 유혹이 항시적으로 공존하는 것이다.

초기의 민족주의 성향에도 불구하고 대체로 보편주의를 지향했던 아르헨티나 작가 보르헤스나 문명과 야만의 이분법을 현실 정치에 적용해 강력한 중앙집권제에 기초한 근대화를 도모했던 사르미엔토Domingo Faustino Sarmiento가 앞의 경향을 대표한다면, 선주민의 복권復權과 선주민 문화의 부흥을 꾀하는 선주민주의indigenismo를 표방했던 페루 작가 아르게다스José María Arguedas나 선주민주의를 사회주의와 접목했던 페루의 사상가이자 문필가 마리아테기José Carlos Mariátegui는 뒤의 경향을 대변한다.

라틴아메리카인들에게는 운명과도 같은 이중의 유혹은 팽팽하게 균형을 유지할 수도 있지만, 때에 따라서는 어느 한쪽으로 저울추가 기울어질 수도 있으며, 또 어떤 경우는 두 흐름이 강한 충돌을 일으켜 갈등 상황을 빚어내기도 한다. 따라서 라틴아메리카에서는 지역적 특수성과 횡단적 보편성이라는 이중의 유혹이 빚어내는 지형도에 따라 지역과 세계의 관계와 사상적, 문학적 흐름이 다양하게 변주되어왔다. 이와 관련하여 쿠바의 사상가이자 시인인 호세 마르티José Martí는 그의 나이 스물넷이던 1877년에 '우리 아메리카'의 미래에 대해 이렇게 전망했다.

아메리카의 장엄한 문명은 정복에 의해 중단되었지만, 유럽인들의 도래와 함께 새로운 민중이 창조되었다. 새로운 활력이 낡은 신체를 거부했기에 그것은 스페인의 것이 아니었으며, 파괴적인 문명의 간섭을 겪었기에 더 이상 선주민의 것도 아니었다. 두 개의 적대적인 힘이 충돌하는 과정에서 혼혈 민중이 탄생하였으며, 자유의 회복과 함께 새로운 영혼을 발전시켰다. (…) 우리의 모든 문명, 건강하고 씩씩한 우리 아메리카의 문명은 어쩔 수 없이 정복자들의 흔적을 지닐 것이다. 하지만 새로운 민중들이 창조적 활력으로 그것을 개선하고 발전시켜 세상을 놀라게 할 것이다. 비록 상처 입었지만, 우리는 아직 죽지 않았다. 이제 다시 살아날 것이다!

주변부 문학에서 중심부 문학으로

라틴아메리카 국가들은 멕시코를 필두로 1810년대에 독립하기 시작했고, 콜럼버스가 1492년 가장 먼저 발을 디딘 땅의 하나인 쿠바가 가장 늦게 독립했다. 쿠바는 1898년 미국-스페인 전쟁 결과 체결된 파리 조약에 의해 독립한 것이니 사실 생각보다 오래지 않은 일이다. 니카라과 시인 루벤 다리오Rubén Darío가 모데르니스모modernismo라는 문학 운동을 전개하면서 라틴아메리카 문학이 존재감을 드러내기 시작한 것도 바로 이 전쟁 직전 시기인 19세기 말이다.

라틴아메리카는 멀리 마야, 아스테카, 잉카 시대까지 거슬러 올라가는 문학 전통을 가지고 있다. 그러나 라틴아메리카 문학이라는 용어의 본격적인 등장은 쿠바 혁명과 밀접하게 관련돼 있다. 쿠바 혁명은 체 게바라와 피델 카스트로의 존재 때문에 더욱 유명해진 역사적 사건으로, 1959년 미국의 턱밑에서 성공한 사회주의 혁명이다. 사실 초기에는 반제 민족주의 성격이 짙었으나 냉전 시대 국제 관계의 소용돌이 속에서 사회주의 혁명으로 그 성격이 달라졌다.

그런데 미국 보호령을 거쳐 친미 정권이 장악하고 있던 쿠바에서 혁명이 성공하자 서구 세계는 큰 충격을 받게 된다. 시대에 뒤떨어진 미개한 사람들만 사는 줄 알았는데 시쳇말로 초강대국 미국과 맞짱을 떠서 이기는 일이 벌어지니 그곳을 주목하기 시작한 것이다. 그리하여 그전에는 아르헨티나, 멕시코 등의 개별 나라들로 바라보던 이 지역을 라틴아메리카라는 하나의 거대한 대륙의 존재로 인식하기 시작한다.

아마도 쿠바 혁명이 없었다면 라틴아메리카에 대한 본격적인 관심은 그보다 한참 뒤에 나타났을 가능성이 크다. 쿠바 혁명에 대한 외부 세계의 폭발적인 관심이 문학에서도 소위 라틴아메리카 붐을 일으키고 라틴아메리카 문학이라는 용어가 보편적으로 사용되는 계기를 제공한 것이다. 물론 여기에는 1960년대 유럽 문학의 침체로 출판 산업에 새로운 출구, 즉 라틴아메리카를 비롯한 비서구 세계의 존재가 필요했다는 점도 일정 정도 작용했을 것이다.

1960년대에 유럽 소설은 독자들의 관심에서 점차 멀어진다. 왜 소설은 독자를 잃어버린 것일까? 이유는 단순하다. 프랑스의 누보로망nouveau roman에서 볼 수 있듯이, 잘 가공된 스토리나 뚜렷한 인물 없이 세부 묘사가 주를 이루는 소설은 독서 대중의 관심을 끌지 못했던 것이다. 이 계열의 작가들, 예를 들면 알랭 로브그리예나 클로드 시몽 같은 소설가는 결코 대중적인 작가는 아니었다. 2017년 시몽을 애호하는 한 작가가 시험 삼아 스페인 내전을 다룬 그의 1962년 소설 『궁전La Palace』 원고를 열아홉 개 프랑스 출판사에 보냈는데 모두 퇴짜를 맞았다는 흥미로운 얘기도 있다.

사실 괴테가 1827년에 세계 문학Weltliteratur이라는 개념을 처음 사용한 이래 세계 문학은 특정 민족의 결정론에서 벗어난, 진정으로 세계주의적이고 집단적인 문학적 실천과 동떨어진 채 오랫동안 서구 문학과 동의어였다. 그런데 라틴아메리카 문학의 붐으로 이른바 제3세계 작가들이 부상하고, 또 제2차 세계대전 이후 식민지 상태를 벗어난 신생 독립국들을 중심으로 민족해방서사가 성공을 거두면서 댐로시David Damrosch가 표현한 대로 "구세계에서 온 세계로from the Old World to the Whole World" 세계 문학의 범주가 확장되기 시작한다. 또한 사이드Edward Said, 바바Homi Bhabha, 스피박Gayatri Spivak을 비롯한 탈식민주의 이론가들이 제기한 서구 중심성에 대한 비판과 도전은 역사적·문화적 맥락의 차이와 특수성에 주목하는 새로운 문학사를 구축하기 위한 폭넓은 움직임을 불러왔다. 라틴아메리카 문학도 이때를 기점으로 자신의 영토 밖으로 뛰쳐나가 국제화되는 현상을 맞게 된다.

그런데 붐 세대 이후 라틴아메리카 최고의 작가로까지 칭송되는 로베르토 볼라뇨Roberto Bolaño는 "최후의 라틴아메리카 작가"로도 일컬어진다. 붐 작가들은 라틴아메리카 전역에서 함께 팔리고 독자를 공유했다면, 지금은 자신의 국가 경계를 넘어서 전 대륙적 차원에서 읽히는 라틴아메리카 작가가 거의 없다는 말이다. 모든 것이 전 지구화되는 경향과 별개로 라틴아메리카 역내에서는 또 다른 상황이 벌어지고 있는 것이다. 이러한 현상에는 거대 출판 자본의 힘이 작용하고 있다. 세계적으로 읽힐 만한 작가들만 발굴해서 지원하다 보니 라틴아메리카 역내에서 유통되고 소비되는 작가들이 갈수록 사라지는 역설적인 결과를 낳고 있는 것이다.

"카프카는 우리에게
눈길도 주지 않는다"

소외된 작가들의 의식에 남아 있는 트라우마

1960년대 중반 이후 라틴아메리카 작가들은 주변부 문학의 한계를 넘어서 세계 문학의 중심부로 진입한다. 이를 라틴아메리카 문학의 붐이라 부르고, 세계인들의 관심 위에 이때 두각을 나타낸 작가들을 붐 세대라고 한다.

하지만 대부분의 라틴아메리카 작가들에게는 여전히 변방의식이 남아 있어 세계 문학의 주변인이라는 소외감에서 자유로울 수 없었다. 그래서 에르난데스^{Francisco Hernández}라는 멕시코 시인은 다음처럼 대단히 시사적인 발언을 남기기도 했다.

카프카가 우리 곁을 지나간다. 우리는 감격하여 인사한다. 그는 우리에게 눈길도 주지 않는다.

프란츠 카프카는 라틴아메리카에서도 보르헤스와 가르시아 마르케스Gabriel García Márquez 같은 많은 추종자를 거느리고 있지만 생전에 사랑받고 영예를 누린 작가는 아니었다. 그는 유대계 작가로 프라하를 벗어나본 적이 거의 없다. 또한 친구 브로트Max Brod가 작품을 모두 불태워달라는 그의 유언을 따르지 않고 대표작 『소송』, 『성』, 『아메리카』를 출간하기까지 서구에서는 변방에 속하는 보헤미안적인 작가였다. 평생 불행한 삶을 살다가 요절한 작가조차 그들을 외면하고 그냥 지나친다는 것은 "아직 세례도 받지 못한 대륙" 라틴아메리카의 작가들에게 서구 중심주의가 남겨놓은 트라우마가 얼마나 깊고 넓은지 잘 보여준다.

라틴아메리카 문학의 붐을 대표하는 작가인 가르시아 마르케스가 『백년의 고독Cien años de soledad』을 집필하게 된 사연은 잘 알려져 있다. 그는 1960년대 중후반 멕시코시티에 거주하고 있었는데, 아카풀코로 가족 여행을 가던 중에 갑자기 비상한 영감에 사로잡혀 핸들을 꺾어 집으로 돌아간다. 그로부터 18개월 동안 집안에 틀어박혀 집필에 몰두했고, 변변한 수입 없이 가재도구까지 팔아가며 쓴 작품이 바로『백년의 고독』이다. 심지어 부에노스아이레스의 수드아메리카나 출판사로 원고를 보낼 때는 발송료가 모자라 가전제품을 저당 잡힌 끝에 두 번에 나눠 보내야만 했다. 천신만고 끝에 세상에 나온 소설은 그야말로 공전의 히트를 기록했고 서점에 책이 꽂히기가 무섭게 사라져 품귀 현상이 빚어진 것은 물론이다.

이런 상황에서 당시에 회자되던 소설의 위기, 문학의 위기라는 것이 진짜 문학의 위기이고 소설의 위기인지, 아니면 단지 서구 문학의 위기인지를 두고 많은 문제 제기가 있었고, 체코 작가 밀란 쿤데라는 서구 일각에 대고 이렇게 의미심장한 말을 던지기도 했다.

소설의 종말을 거론하는 것은 서구 작가들, 특히 프랑스 작가들의 기우에 지나지 않는다. 서가에 가르시아 마르케스의『백년의 고독』을 꽂아놓고 어떻게 소설의 죽음을 말할 수 있겠는가.

'서사의 귀환'과 함께 시작된 라틴아메리카 문학의 붐

쿤데라의 주장대로 서구 비평계는 1960년대 이후 라틴아메리카를 비롯한 이른바 제3세계의 문학이 거두게 될 눈부신 성공을 예상하지 못하고 성급하게 '소설의 죽음'을 예단했던 것이다. 결국, 이는 소설 자체의 사망선고라기보다는 전통적인 문학 중심부에서 소설이 한계에 봉착했음을 자인한 것이나 마찬가지다. 그 기현상의 주인공 가르시아 마르케스는 자동차 핸들을 꺾으면서 아내에게 이렇게 말했다고 한다. "메르세데스, 드디어 내 문체를 발견했어. 할머니가 나에게 환상적인 이야기를 들려줄 때의 그 표정으로 이야기를 쓸 거야."

이 순간이야말로 라틴아메리카 문학이 자기 정체성을 발견한 결정적인 순간이 아닐 수 없다. 가르시아 마르케스가 창안한 새로운 소설 미학과 그가 빚어낸 상상의 공간 마콘도는 훗날 라틴아메리카판 오리엔탈리즘인 마콘디스모 macondismo를 낳기도 했지만, 이 또한 그의 중요성과 영향력이 어느 정도인지를 가늠할 수 있는 유의미한 단서다. 흔히 '마술적 사실주의realismo mágico'로 명명되는 창의적인 글쓰기 방식은 사실주의의 지역적 변형을 넘어 탈중심적인 새로운 세계 인식의 방법이기도 하다. 라틴아메리카 고유의 문화적 맥락에 대한 이해에서 출발하며, 전근대와 (탈)근대가 공존하는 '비동시성의 동시성'은 일상적 삶의 범주에서 확인되는 라틴아메리카의 경험적 현실이라는 믿음에 뿌리를 두고 있기 때문이다.

2014년 4월 17일 가르시아 마르케스가 멕시코시티에서 사망하자 그의 조국인 콜롬비아와 작가 생활의 기반이었던 멕시코는 장례식 절차를 두고 신경전을 벌였고, 급기야 양국 대통령의 공동 주관 하에 멕시코시티에서 장례식이 거행되는 보기 드문 광경이 연출되었다. 작가의 고향 아라카타카에서는 유해 없는 장례식이 치러졌으며, 논란 끝에 그의 유해는 양국에 분산 안치되었다. 가르시아 마르케스 외에 붐 세대를 대표하는 작가로는 훌리오 코르타사르 Julio Cortázar, 카를로스 푸엔테스Carlos Fuentes, 마리오 바르가스 요사Mario Vargas Llosa 등을 꼽을 수 있다.

세대 명칭 자체가 다분히 비문학적이어서 세대 의식과 미학을 온전히 공유했다고 보기는 힘들지만, 붐 작가들은 환상과 현실, 이성과 비이성의 경계를 넘나드는 상상력의 극단을 창조하며 세계 문단에 "서사의 귀환Return of the

Narrative"을 알렸다. 그중 가르시아 마르케스와 바르가스 요사가 30년 가까운 시차를 두고 노벨상을 수상했고, 나머지 두 작가 역시 그들에 필적하는 탁월한 문학성을 보여주었다. 또한 그들은 라틴아메리카에서 오랫동안 무소불위의 문학 권력으로 군림했으며, 이후 등장한 작가들은 영향의 불안에서 자유로울 수 없었다. 쿠바 혁명이라는 역사적 사건을 배경으로 등장한 붐 작가들은 아이러니하게도 쿠바 정부에 대한 정치적 입장 차이로 점차 세대적 통일성을 상실하게 된다.

흥미로운 사실 하나. 바르가스 요사는 마드리드대학에서 동료 작가인 가르시아 마르케스 연구로 박사학위를 취득했으나, 세르반테스에 견줄 만한 유일한 라틴아메리카 작가로는 보르헤스를 꼽은 바 있다.

돌멩이마다 시인이
튀어나오는 곳이라니!

노벨문학상이 선택한 라틴아메리카의 시인들

그렇다면 소설이 승승장구하고 있을 때 시인들은 모두 잠을 자고 있었을까? 시인들 역시 주목받지 못하는 음지에서 치열하게 시를 쓰고 있었고, 또 일부는 탁월한 성취를 이루기도 했다. 1945년 라틴아메리카 최초로 노벨상을 수상한 작가는 칠레의 여성 시인 가브리엘라 미스트랄Gabriela Mistral이다. 또 다른 칠레 시인 파블로 네루다Pablo Neruda는 붐 작가들에 앞서 고전의 반열에 오른 세계적인 시인이다. 비교적 최근에 노벨상을 수상한 옥타비오 파스도 시인이자 뛰어난 시 이론가다.

물론 노벨상 수상이 설득력 있는 준거가 될 수는 없지

만, 지금의 멕시코시티 북동부에 존재했던 도시국가 텍스코코의 문화적 황금기를 열었던 통치자이자 철학자·시인 네사왈코요틀Nezahualcóyotl 이래 오늘에 이르기까지 라틴아메리카는 시적 전통이 매우 강한 대륙이다. 일찍이 시인들이 닦아놓은 탄탄한 문학의 길이 없었다면 라틴아메리카 현대 소설의 영광도 없었을 것이다.

어디에선가 네루다의 이런 구절을 읽은 기억이 있는데, 아마도 칠레를 두고 한 말인 듯하다. "길을 가다 아무 돌멩이나 뒤집어보라. 시인 다섯 명이 기어 나올 것이다."

나라마다 편차는 있겠지만, 이 문장을 라틴아메리카 전체에 적용해도 큰 무리는 아니다. 장정일이 산문집 『생각』에서 밝힌 대로 어쩌면 시인이 지천에 널렸다는 것이 꼭 좋은 일만은 아닐지도 모르겠다. 그의 말은 반어나 역설로 읽혀야 마땅하겠지만, 시인이 많다는 것은 희망이 고갈된 출구 없는 현실의 방증일 수도 있으니 말이다.

특히 젊은 사람들은 삶의 지혜와 우주의 비밀에 귀의하기 위해, 그리고 공동체에 봉사하기 위해 선택할 수 있는 많은 방편에 대해 생각해보아야 한다. 과학도 종교도 그 어떤 시민운동도 좋으며 젊은 혼을 바쳐 탐구할 만한 일이면 또 다른 무엇도 좋다. 시는 그 방편 가운데 극히 작은 일부인데도 총명하고 집념 있는 젊은이들이 모조리 시인을 꿈꾸는 것은 실망스러운 일이다. 우리나라처럼 시집을 지천으로 읽는 청년이 많은 나라는 미래가 없다.

이 책에서는 수많은 라틴아메리카 시인들 중 루벤 다리오와 파블로 네루다, 세사르 바예호^{César Vallejo}, 니카노르 파라^{Nicanor Parra}, 이렇게 네 명을 다룰 것이다. 이들은 모두 앞 세대와 의미 있는 단절을 가져옴으로써 문학사적으로 중요한 위치를 점하고 있는 시인들이다.

문학사는 끝없는 존속 살해의 역사

'단절^{ruptura}'이라는 말은 옥타비오 파스의 시론서에 자주 등장하는 단어다. 파스는 시인이면서도 30권이 넘는 다양한 주제의 에세이집을 펴냈는데, 그의 정확하고 아름다운 산문은 범접할 수 없는 아우라를 지니고 있다. 사실 스페인어권 밖에서 시론서 중 빼놓지 않고 인용되는 것은 파스의 글밖에 없다. 특히 시와 삶과 역사에 대한 빛나는 통찰을 담은 고전적 에세이 『활과 리라El arco y la lira』는 시에 관심 있는 독자라면 반드시 읽어보아야 할 명저라 하겠다.

파스는 근대성의 문학이 만들어낸 새로운 전통, 즉 근대성의 전통을 '단절의 전통tradición de la ruptura'이라는 용어를 사용하여 명명한 바 있다. 1974년에 펴낸 『흙의 자식들Los hijos del limo』에서 낭만주의에서 상징주의를 거쳐 전위주의에 이르기까지 근대시에 나타난 시와 역사의 관계를 탐색하면서 제1장의 제목으로 '단절의 전통'을 내세운 것이다. 그가 말하는 단절의 전통이란 수많은 단절과 분리, 균열로 이루어진 전통을 말한다. 예컨대 라틴아메리카 문학사에서 모데르니스모와 아방가르드는 '단절'에 해당하고, 그 사이에 놓이는 포스모데르니스모posmodernismo는 연속과 불연속의 징후가 공존하는 경계적 성격으로 인해 '작은 단절'이 될 수 있겠다. 그리고 이러한 각각의 단절과 분리, 균열은 새로운 시작점이 된다.

이렇게 본다면 문학사는 결국 끝없는 존속 살해parricide의 역사라 할 수 있다. 이 책에서 다룰 다리오와 네루다, 바예호, 파라를 잇는 계보 역시 단절의 전통을 형성한다. 모데르니스모에서 출발해서 포스모데르니스모, 아방가르드,

포스트아방가르드로 이어지는 역사는 결국 끝없는 부정의 역사가 되는 것이다. 따라서 단절로 점철된 문학사 속에서 한때 단절을 의미했던 특정 사조나 시인이 역으로 단절의 대상이 되는 것은 지극히 자연스러운 일이다. 물론 파스 자신도 예외일 수 없다.

다음 문장을 보자.

¿La poesía mexicana descansa en Paz?

멕시코 시詩는 편히 쉬고 있는가?

일반명사 'paz'와 고유명사 'Paz'의 형태적, 음성적 동일성에서 착안한 언어유희를 보여주는 이 문장은 어느 저널리스트가 만들어낸 표현으로, 문단 절대 권력이 된 옥타비오 파스 사단이 지배하는 멕시코 시문학계의 상황을 조롱하고 비아냥거린 것이다.

이 문장에서 '데스칸사descansa'는 쉬고 있다는 말이고 '파스Paz'는 평화를 뜻해 '편히 쉬고 있다'는 의미를 형성하는데, 흥미롭게도 'Paz'는 옥타비오 파스를 연상시키기 위해 일부러 대문자로 적고 있다. 그래서 "멕시코 시는 편히 쉬고 있는가?"는 곧 "멕시코 시는 파스 안에서 영원히 잠들었는가?"라는 말이 된다.

모든 파괴는 항상 재구축을 전제한다

그렇다면 문학사에서 끊임없이 단절이 되풀이되는 이유는 무엇일까? 우리는 「바벨의 도서관La biblioteca de Babel」이라는 보르헤스의 단편에서 그 답을 찾을 수 있다.

만약 영원한 순례자가 어느 방향으로든 도서관을 가로지른다면, 여러 세기 뒤에 똑같은 책들이 똑같은 무질서(이 무질서도 반복되면 하나의 질서, 대문자 질서가 되리라) 속에서 반복되고 있음을 확인하게 될 것이다.

누군가 앞 시대의 문학 전통에 의미 있는 단절을 가져왔다면 그것은 엄청난 파격이 되어 문학사에 이정표로 남는다. 이러한 과거와 전통의 부정, 새로움과 다름의 추구는 바로 근대성의 두드러진 특징이다. 다리오가 그랬고 파라도 마찬가지였다. 그런데 인용문 괄호 속의 구절이 말하듯, 그 무질서는 세월이 지나다 보면 절대적인 질서가 되고 그렇게 되면 다시 그것을 부정하는 흐름이 나타나기 마련이다. 문학 권력에 당당히 맞서 'NO!'를 외치고 자신까지도 파괴와 극복의 대상으로 삼았던 파라 역시 지금은 후배 작가들에게 극복해야 할 강력한 전통이자 문학 권력이 돼버리지 않았는가.

그런데 과거와의 완전한 결별이 가능한가. 진공 상태에서 새로운 문학이 생겨날 수 있을까. 파괴는 항상 재구축을 전제하지 않던가. 반복되는 단절을 통한 새로운 전통의 생성이라는 것도 실은 과거의 전통을 감싸 안고 넘어서는 것이 아닌가. 모두 우리가 다룰 네 명의 시인에게도 예외 없이 던질 수 있는 물음이다.

과거의 시적 전통에 전면전을 선포했던 파라의 반시反詩, antipoesía도 시의 죽음이 아니라 언어의 사막에서 나가기 위한 새로운 시적 태도를 가리키는 것에 지나지 않으며 전통과의 변증법적 관계에 기대어 성립하는 것이다. 그래서 파라 자신도 "반시란 초현실주의의 수액으로 풍요로워진 전통 시에 다름 아니"라고 하지 않았던가. 게다가 보르헤스가 「카프카와 그의 선구자들Kafka y sus precursores」에서 "작가들은 각자 자신의 선구자를 창조한다"고 말했듯이, 문학사의 흐름이란 것도 과거에서 현재로, 또 현재에서 미래로 연결되는 단선적인 시간 개념을 벗어나 원환적 순환 속에 놓인다. 『중세의 가을』에서 르네상스를 중세와의 완전한 결별이 아니라 중세의 연장으로 규정하는 문화사학자 하위징아Johan Huizinga의 관점을 되새겨볼 일이다.

Q 묻고

답하기 A

시는 무엇이며 시를 읽는다는 것은 어
떤 의미인가?

시詩라는 한자를 해자解字하면 "일정 음률에 따라
마음을 헤아려 노래하다"라는 뜻이라고 한다. 그
러나 이 한자 조합을 "말[言]로 지은 사원[寺]"으로
풀고 싶은 유혹을 느낄 때가 있다. 루벤 다리오나
옥타비오 파스에 따르면, 시인은 우주의 리듬을
호흡하고 존재의 궁극에 도달하는 특별한 존재이
고 시의 언어는 영성을 지닌 마법의 언어가 아닌
가. 이런 이유로 로베르토 볼라뇨는 "시만 빼고

1부 | Q/A 묻고 답하기   43

다 똥"이며 "산문을 쓰는 것은 야만적인 악취미"라고 한 것이 아닐까.

오차오吳喬라는 청나라 문인은 『화롯가에서 시를 말하다圍爐詩話』에서 시와 산문을 구분하여 이렇게 설명하고 있다.

> 산문 쓰기는 불을 때 밥을 짓는 것에 비유되고, 시 쓰기는 발효시켜 술을 빚는 것에 비유된다.
> (文喩之炊而爲飯 詩喩之釀而爲酒)

시와 산문의 차이를 명징하게 드러낸 절묘한 비유가 아닐 수 없다. 쌀로 밥을 지으면 쌀의 형태가 그대로 남지만 술을 빚으면 쌀은 형체도 없이 사라지고 새로운 맛과 향이 생겨난다. 산문이 원재료의 물리적 변화라면 시는 화학적 변화에 해당한다고 하겠다. 같은 의미에서, 니카노르 파라는 "움직이는 모든 것은 시고 / 변하지 않는 모든 것은 산문"이라고 했고, 파스는 "산문에서 언어는 많은 의미의 가능태들을 희생시키고 그 중의 단 하나와 동일화를 시도한다"고 설파했다. 이처럼 시와 산문을 대립적인 개념으로 이해한다는 것은 장르마다 고유의 문법이 있어 한 장르의 언어를 다른 장르의 언어로 치환하는 게 그만큼 어렵다는 말이겠다.

시를 '리듬 언어'로 정의할 때 파스는 시의 핵심적인 변별 자질로 리듬을 꼽는다. 물론 시와 산문의 경계는 매우 유동적이어서 소설에 리듬이 아예 없는 것은 아니다. 실험적인 소설의 경우 그 문장 속에도 리듬이 있고 내적인 라임이 있다. 심지어 파라는 "가장 뛰어난 소설은 운율이나 작시법에 의해 쓰였다"고 하지 않았던가. 이러한 장르 혼합 내지 장르 해체의 양상은 최근의 포스트모더니즘 문학에 이르면 더욱 두드러진다.

그러나 산문과 구별된다는 것만으로는 '시란 무엇인가'에 대한 만족스러운 답이 될 수 없다. 파스는 『활과 리라』 서문에서 이 문제를 두고 한 쪽 이상 길게 이야기하고 있는데, 그 심오하고 웅숭깊은 문장이 아름다우니 조금 인용해보겠다.

시는 앎이고 구원이며 힘이고 포기다. 시의 기능은 세상을 변화시키는 것이며 시적 행위는 본래 혁명적인 것이지만 정신의 수련으로서 내면적 해방의 방법이기도 하다. 시는 이 세계를 드러내면서 다른 세계를 창조한다. 시는 선택받은 자들의 빵이자 저주받은 양식이다. 시는 격리시키면서 결합시킨다. 시는 여행에의 초대이자 귀향이다. 시는 들숨과 날숨이며 근육 운동이다. 시는 공空을 향한 기원이며 무無의 대화다. 시의 양식은 권태와 고뇌와 절망이다. 시는 기도이며 탄원歎願이고 현현顯現이며 현존現存이다. 시는 악마를 쫓는 주문이고 맹세이며 마법이다. 시는 무의식의 승화이자 보상이고 응집이다.

파스는 서로 대립되는 정의를 나란히 병치함으로써 시의 양가적인 속성을 강조하고 있다. 이렇게 보면, 모순어법적인 방식으로밖에 정의할 수 없는 것이 시의 본질인지도 모르겠다. 오죽하면 안토니오 마차도Antonio Machado는 "시는 시인들이 만들어내는 그 무엇"이라고 동어 반복에 가깝게 정의했겠는가.

그런데 한 걸음 더 나아가 상호텍스트성 intertextuality으로서의 시를 주창한 호세 에밀리오 파체코José Emilio Pacheco에 따르면, 시인은 시를 스케치할 뿐 완성하는 것은 독자의 몫이란다. 이건 또 무슨 말인가. 시는 배타적으로 어느 누구의 소유가 아니라 본래 익명이고 집단적이라는 것이 그 이유다.

> 나는 시를 쓰고 그것으로 끝입니다. 나는 시의 절반만을 씁니다.
> 시는 백지 위에 그려진 검은 부호가 아닙니다.
> 나는 타인의 경험을 만나는
> 광장을 시라고 부릅니다. 내가 스케치한 시를
> 완성하는 (혹은 완성하지 않는) 것은 독자들입니다.

영화 〈일 포스티노〉의 원작 소설 『네루다의 우편배달부El cartero de Neruda』에 보면 이와 관련된 흥미로운 대목이 있다. 베아트리스와 사랑에 빠진 마리오는 근사한 연시戀詩를 지어낸다. 그런데 실은 네루다가 마틸데Matilde Urrutia에게 바친 사랑의 시를 베낀 것이다. 네루다가 이를 책망하자 마리오는 이렇게 응수한다. "시는 쓰는 사람의 것이 아니라 읽는 사람의 것이에요!" 참 뻔뻔한 이 말대꾸 속에 시 읽기의 본질적 의미가 담겨 있다. 다리오의 말대로 "책은 힘이고 용기이며, 동력이자 사유의 횃불이고 사랑의 샘"이라 해도 독자를 만나지 못하면 영원히 미완성인 것이다.

그러나 공모자accomplice로서의 독자의 역할을 아무리 강조해도 시가 갈수록 독자를 잃어가는 것은 부인할 수 없는 현실이다. 파체코 자신의 시에 이런 구절이 있다.

나의 시는 대중을 정복하지 못하고
나의 책은 창고에 쌓여간다.
그 어떤 것도 『카마수트라』나
『세계의 패망』,
『리더스 다이제스트』에 맞설 수 없다.

독자 없는 시를 쓰는 사람의 소회를 담담하게 풀어내고 있는 이 시에서 『카마수트라』, 『리더스 다이제스트』, 『세계의 패망』은 모두 상업적인 성공을 거둔 책의 사례로 제시되고 있다. 가령 멕시코 저널리스트 살바도르 보레고의 저작 『세계의 패망Derrota mundial』(1953)은 제2차 세계대전의 숨겨진 원인을 파헤친 책으로 엄청난 판매고를 기록하며 지금까지도 스테디셀러로 남아 있다.

황지우 시인도 「버라이어티쇼, 1984」에서 이렇게 정곡을 찌르는 물음을 던진 바 있다.

한 시대의 삶과 文化(문화) 전체가 포르노그라프일 때 우리가 식은 새벽 방바닥에 엎드려 詩(시)를 쓰는 이것은 무슨 짓이냐? 무슨 짓거리냐?

시를 무기로 비뚤어지고 부조리한 세상을 변혁할 수 있을까? 시로 돈을 버는 것도 당장 현실을 바꾸는 것도 아닌데, 왜 시인들은 식은 새벽 방바닥에 엎드려서 시를 쓴다고 끙끙대는 걸까? 이런 자의식에서 자유로울 수 있는 시인이 있을까. 이것이 어찌 비단 시만의 문제이고 시인만의 문제이겠는가. 어쩌다 문학 책을 펼치더라도 우리가 이 책을 왜 읽는지, 한 편의 시나 소설을 읽는 것이 우리가 꿈꾸는 세상을 만드는 데 무슨 소용이 있을지 고민하기 십상이다.

김현이 쓴 『한국 문학의 위상』이라는 책에 실려 있는 다음 구절은 젊은 시절 문학이란 무엇이며 문학은 무엇을 할 수 있을까를 고민할 때 큰 위로와 힘이 되었다.

문학은 배고픈 거지를 구하지 못한다. 그러나 문학은 그 배고픈 거지가 있다는 것을 추문으로 만들고, 그래서 인간을 억누르는 억압의 정체를 뚜렷하게 보여준다. 그것은 인간의 자기기만을 날카롭게 고발한다.

오랜 세월이 흐른 지금도 위의 구절은 여전히 유효하다. 혹 왜 시를, 그것도 라틴아메리카 시를 읽어야 하는지 의문이 든다면, "인간을 억압하는 모든 힘에 대한 감시체"로서의 문학의 역할에 대한 예리한 통찰이 담긴 이 글귀를 한번 되새겨볼 일이다.

2부_____

"슬프게도
저는…
시인입니다!"

시인들의
시인,
루벤 다리오

라틴아메리카 문학사에서 독보적인 위치를 점하고 있는 루벤 다리오는 스페인어권 문학의 황태자이자 근대시의 선구자, 스페인어의 혁명가로 불린다. 라틴아메리카 문학은 다리오 이전과 이후로 나뉜다는 말이 있을 정도다. 그리고 그를 기점으로 유럽에서 라틴아메리카 문학이 '발견'되기 시작한다. 시대를 앞서갔던 다리오는 무지렁이들이 판치는 척박한 현실에서 어떻게 하면 새로운 문학을 탄생시킬 수 있을지 끊임없이 고민했고, '모데르니스모'라는 이름의 문학적 혁신은 그 분투의 산물이었다.

정신의 허허벌판에서
꽃피운 새로운 문학

루벤 다리오, 그는 누구인가

1967년 칠레에서는 루벤 다리오 탄생 100주년을 기념하는 우표가 발행되었다. 우표 상단에 '루벤 다리오 1867-1967'이라는 문구가 있고, 하단에 칠레 조폐국이라고 적혀 있으니 칠레에서 그를 기념하여 발행된 우표라는 것을 알 수 있다. 그리고 다리오가 누구인지 몰라도 탄생 100주년을 기리는 우표가 나올 정도면 얼마나 중요한 인물인지 가늠할 수 있다.

그런데 흥미롭게도 다리오는 칠레 출신이 아니다. 그는 오늘날까지도 라틴아메리카 최빈국의 하나로 여전히 정치적 혼란을 극복하지 못하고 있는 니카라과 출신의 시인이

루벤 다리오(1867~1916)

다. 칠레 입장에서 그들보다 훨씬 작고 가난한 타국 시인의 탄생 100주년을 맞아 기념우표까지 발행한다는 것은 매우 이례적인 일이 아닐 수 없다.

이 기념우표를 보면 시인의 초상 옆에 'Azul'이라는 제목의 책이 펼쳐져 있는데, 이는 프랑스 상징주의자들이 즐겨 사용한 푸른색을 뜻하는 것으로, 다리오 자신에 따르면 "예술은 푸른빛이다L'art c'est l'azur"라는 위고의 구절에서 영감을 받았다고 한다. 상징주의의 영향을 받은 다리오는 푸른색을 자신이 주창한 문학 운동인 모데르니스모의 상징색으로 내세웠다. 그러니까 푸른색은 이상향, 꿈, 현실 너머와 같은 대안적 공간의 긍정적인 가치들을 함축하는 색이라고 할 수 있다.

그런데 시와 단편을 함께 엮은 이 책은 1888년 니카라과가 아닌 칠레 발파라이소에서 발간된다. 다리오는 그 무렵 발파라이소에서 여러 문학 공모전에 참가하며 세관 검사관으로 일한 적이 있는데, 아직 파나마 운하가 개통되지 않았던 그 시절 발파라이소는 이름난 무역항으로 유럽 각지에서 이주자들이 몰려들어 다채로운 문화가 꽃을 피운 근대화의 상징과도 같은 도시였다. 변방 니카라과 출신의 다리오는 이 도시에서 많은 자극과 영감을 받았고, 그런 환경 속에서 새로운 문학의 싹을 틔운 기념비적 저작 『푸름 Azul』이 탄생하게 된다.

다리오는 스페인의 식민지였던 중미의 소국 출신이지만 식민 모국에서도 높은 인기와 위상을 자랑한다. 스페인의 수도 마드리드에는 '루벤 다리오'라는 이름이 붙은 지하철역이 있을 정도다. 사실 과거의 식민지, 그것도 변방 중의 변방 지역 시인의 이름을 역명으로 사용한다는 것은 예사롭지 않은 일로 시사하는 바가 크다고 하겠다.

에르네스토 카르데날Ernesto Cardenal이나 파블로 안토니오 쿠아드라Pablo Antonio Cuadra 같은 걸출한 시인들의 존재를 잊을 수 없지만, 분명 다리오는 니카라과 역사상 가장 유명한 작가로서, 그를 언급하지 않고 라틴아메리카 문학을 논할 수는 없다. 정치적으로는 1979년 소모사 독재 정권을 무너트린 사회주의 단체 산디니스타Sandinista가 전 세계의 주목을 받기는 했지만, 적어도 니카라과 문학에서 그를 넘어서는 소설가나 시인은 지금껏 나오지 않고 있다. 또한 니카라과에서 전통적으로 소설에 비해 시 장르가 강세를 보여온 것도 그의 영향에 힘입은 바 크다.

시인의 적은 '나를 단순화하는 자'

루벤 다리오의 문학적 평판과 위상에 대해 이야기하다 보니 떠오르는 구절이 있다. 호르헤 기옌Jorge Guillén이라는 스페인 시인은 이렇게 노래한 적이 있다.

> 당신은 적敵이 있습니까?
> – 단 한 사람. 나를 단순화하는 자.

이는 아마 모든 작가에게 해당하는 말일 것이다. 문학사에서 확고한 위치를 점하고 있는 작가일수록 단순화의 위험은 더 커지기 십상이다. 그래서 다리오를 평가하고 정의하는 데도 신중할 수밖에 없다. 뒤에서 살펴보겠지만, 실제로 다리오는 존재하지 않고 다리오스Daríos, 즉 다리오'들'이 존재한다. 물론 핵심 자아의 존재를 부정할 수는 없지만 시인 다리오 안에는 쉽게 재단할 수 없는 복합적인 속성들이 내재해 있는 것이다.

다리오가 주창했던 혁신적인 시 운동인 모데르니스모에 대해서도 연구자마다 나름의 정의를 내리지만 그 복잡한 면모를 다 아우를 수는 없다. 파스의 말마따나 시의 속성 자체가 양가적이고 이중적이며 모순적이지 않은가. 그래서 엄밀하게 말하면 모데르니스모스modernismos, 즉 복수의 형태로서 모데르니스모'들'이 존재하는 것인지도 모른다. 이런 이유로 아르헨티나 작가이자 비평가인 안데르손 임베르트Enrique Anderson Imbert는 "모데르니스모는 존재하지 않는다"라고까지 했다.

우리는 자아라는 것을 쉽게 정의내리는 경향이 없지 않지만 인간은 그렇게 단순한 존재가 아니다. 울트라이즘, 다다이즘, 미래주의, 초현실주의 같은 다양한 이름의 문학적 이즘이나 운동도 마찬가지다. 최근 국내에서 주목받고 있는 포르투갈 시인 페르난두 페소아Fernando Pessoa는 무수한 헤테로님heteronym, 즉 이명異名으로 글을 썼는데, 그가 창조해낸 70여 개의 퍼즐 조각을 모두 끌어모아야 비로소 페소아라는 하나의 자아가 구성되는 셈이다. 퍼즐 조각 중에는 서로 상충되는 속성을 지닌 것들도 있다. 심지어는 이명 작가가 120여 명에 이른다고도 하니, 끝없이 증식하는 시인의 멀티 페르소나가 아찔하다.

상대적으로 덜 극단적인 방식이긴 하지만, 스페인어권에서는 파스와 보르헤스, 그리고 스페인의 안토니오 마차

도를 페소아가 보여준 문제의식을 공유한 작가들로 꼽을
수 있다. 멕시코 시인 호세 에밀리오 파체코는 포르투갈 시
인으로부터 좀 더 직접적인 영향을 받았다. 이들은 모두 다
성적인 주체를 통해 인간 존재와 삶의 다질성多質性을 드러낸
작가들이다.

야망이 있는 천재, 루벤 다리오

루벤 다리오는 1880년 열세 살 나이에 일간지에 시를 처음
발표했고, 열다섯 살 때는 엘살바도르 대통령 앞에서 자작
시를 낭송할 기회를 갖는다. 이른 나이에 시작된 정치인들
과의 친분은 그들로부터 후원을 받을 수 있는 기회를 제공
하기도 했다. 여담이지만 다리오의 남다른 천재성은 이름
난 천재 작가들인 랭보Arthur Rimbaud나 보르헤스의 경우를 떠
올려준다. 견자voyant의 시인 랭보는 천재성을 타고난 데다
각고의 노력을 기울여 10대에 이미 세상을 깨우쳤다. 또
보르헤스는 여덟 살 때 영어판 『돈키호테』를 읽고 영감을
받아 첫 단편을 썼고, 아홉 살 때 스페인어로 옮긴 오스카
와일드의 동화는 교사 양성 학교의 교재로 채택되기도 했
다. 정말 괴물급 재능들이다.

다리오는 책을 여러 권 출간했는데, 그중 모데르니스모의 전개와 관련하여 특히 세 권이 중요하다. 앞서 언급한 『푸름』은 모데르니스모의 기폭제가 되었고, 『세속적인 세퀜티아Prosas profanas』는 모데르니스모의 절정기를 대변한다. 그리고 비교적 말년에 펴낸 『삶과 희망의 노래Cantos de vida y esperanza』는 모데르니스모의 성숙한 면모를 보여주는 동시에 다리오 이후 라틴아메리카 시의 경향을 예비하는 성격을 띤 시집이다.

그런데 이 책들의 출판지를 보면 그의 문학적 야망과 갈수록 높아진 그의 위상을 가늠할 수 있다. 시·단편집 『푸름』은 1888년 발파라이소에서 출간됐다가 재판은 1890년 과테말라에서, 그리고 3판은 1905년 부에노스아이레스에서 나온다. 좀 더 넓은 곳으로 옮겨간 것이다. 두 번째 시집 『세속적인 세퀜티아』는 1896년 부에노스아이레스에서 초판이 나오고, 재판은 1901년 증보판의 형태로 파리에서 찍어낸다. 차츰 중심부로 더욱 깊이 진입하는 양상을 확인할 수 있다. 그리고 1905년 발표된 『삶과 희망의 노래』는 라틴아메리카를 거치지 않고 곧장 스페인 마드리드에서 출간된다.

다리오는 이런 말을 한 적이 있다. "만약 당신의 고향이 작다면, 크다고 꿈을 꾸면 된다." 당신의 고향이 보잘것없는 작은 곳이라면 더 큰 곳을 고향으로 꿈꾸라는 말로 이해할 수 있겠다. 여기에는 척박한 주변부 땅에서 태어난 시인의 중심부에 대한 깊은 동경이 담겨 있다. 실제로 그는 메타파라는 니카라과의 소도시에서 태어났는데, 그가 세계적인 성공을 거둔 이후 1920년 그 명칭이 다리오 시Ciudad Darío로 바뀐다.

다리오는 메타파에서 시작해서 발파라이소와 부에노스아이레스로, 파리로, 마드리드로, 그리고 죽기 직전에는 뉴욕으로까지 삶의 무대를 계속해서 확장해갔다. 그는 저널리스트에 외교관 활동도 겸했기 때문에 생업을 위해 어쩔 수 없이 삶의 터전을 옮겨 다녀야 했지만 기질적으로 유목민적 성향이 다분한 인물이기도 했다. 이러한 조건은 그가 라틴아메리카와 유럽의 많은 작가들과 폭넓게 교유하고 개별 국가를 초월한 문학 운동을 펼치는 데 중요한 밑거름이 되었다.

떠돌이 삶이 시에 남긴 흔적들

루벤 다리오가 세계 각지에서 만난 여성들은 이러한 노마드적 삶의 뚜렷한 증거로서 그의 시에 짙은 흔적을 남기고 있다. 인연을 맺은 여성들의 국적도 제각각이어서, 첫 여성은 코스타리카 출신이고, 나머지는 니카라과 출신, 스페인 출신 등으로 다양하다.

다리오는 스물세 살에 첫 결혼을 한다. 상대는 모데르니스모의 영향을 받은 라파엘라 콘트레라스Rafaela Contreras라는 여성으로 당시 꽤나 촉망받는 작가였다. 시인은 그녀를 깊이 사랑했지만 결혼한 지 3년도 채 안 돼 갑자기 세상을 떠나고 만다. 그녀가 죽고 얼마 안 있어 다리오는 문제의 여인 로사리오 무리요Rosario Murillo와 재혼한다. 무리요와는 어렸을 때부터 알고 지낸 사이로, 그녀의 오빠들이 이슬람 국가의 명예살인처럼 어린 시절의 인연을 미끼로 협박해서 마지못해 한 불행한 결혼이었다.

그런데 그 결혼은 시인의 인생을 뒤흔든 비극의 시작이 되었다. 다리오는 그녀를 그다지 사랑하지 않았던 것 같다. 그는 만나고 헤어지기를 반복하며 숨바꼭질하듯 부인을 피해 다닌다. 우스갯소리를 하나 하자면, 모데르니스모가 라틴아메리카 최초의 대륙적인 문학 운동이 될 수 있었던 데는 무리요의 기여가 적지 않았다고 할 수도 있겠다.

그러다가 마드리드 체류 시기에 프란시스카 산체스 델 포소Francisca Sánchez del Pozo라는 여성을 만나게 되고, 그녀와의 사이에서 여러 명의 자녀를 두게 된다. 그런데 흥미롭게도 내로라하는 지식인이었던 다리오와 걸맞지 않게 이 여성은 문맹이었다. 나중에 동료 시인들이 그녀에게 읽고 쓰는 법을 가르쳐주기도 했다는데, 두 사람은 공식적인 부부로 인정받지는 못했다. 다리오에게 집착이 컸던 무리요가 이혼을 받아들이지 않았기 때문이다.

무리요는 말년에 과테말라에서 알코올 중독으로 쓰러져 있는 남편을 니카라과로 데려온다. 다리오는 긴 유랑의 삶을 뒤로하고 49세 나이에 고국에서 숨을 거두게 되는데, 아이러니하게도 생의 마지막 순간 곁을 지킨 것은 그가 그토록 벗어나고자 했던 두 번째 부인이었다. 하지만 그의 시에 가장 강렬한 영감을 준 여성은 따로 있었으니, 마르가리타 데바일레Margarita Debayle가 그 주인공이다. 1900년생으로 당시 어린 소녀였던 마르가리타에게 바쳐진 시가 널리 알려져 있다. 시의 도입부는 다음과 같다.

마르가리타, 바다는 아름답고,

바람은

레몬꽃의 섬세한 향기를 품고 있어.

내 영혼에선

종달새 노랫소리가 들려.

모든 시대를 관통하는 시인

루벤 다리오에게는 '스페인어권 문학의 황태자', '모데르니스모의 아버지', '스페인어권 근대시의 선구자', '스페인어권에서 가장 혁명적인 시인', '스페인어의 혁명가' 등 실로 수많은 찬사가 따라붙는다. 적어도 스페인어권에서 부정적인 평가가 거의 없는 시인을 꼽으라고 한다면, 마르티와 바예호, 그리고 가르시아 로르카 Federico García Lorca와 더불어 그의 이름이 가장 먼저 떠오른다. 가르시아 로르카는 스페인 내전의 와중에 파시스트 세력에게 비극적으로 희생됨으로써 신화가 된 측면이 있다고 하지만, 다리오는 특기할 만한 신화적 이유도 없으면서 그 권위가 거의 훼손되지 않은 예외적인 경우다.

다리오가 남긴 문학적 유산은 깊고도 넓다. 세기말의 주된 혁신적 경향들을 종합해낸 그의 문학은 강렬하고 지속적인 문학적 혁신을 촉발함으로써 서구 문학의 영향에 기인하여 라틴아메리카 문학이 자기발견에 도달한 탁월한 사례를 제공한다.

예일대 교수인 곤살레스 에체바리아Roberto González Echevarría는 이탈리아 르네상스 시인들을 연구하여 이탈리아 시의 운율을 서정적인 스페인 운율로 변형시킨 가르실라소 데 라 베가Garcilaso de la Vega에 견주어 다리오의 문학사적 의미를 다음과 같이 명쾌하게 요약하고 있다.

루벤 다리오는 스페인어권 시를 그 이전과 이후로 양분한다. 그는 황금 세기 이후 위대한 첫 시인이었다. 스페인과 라틴아메리카의 숱한 시인들이 20세기를 수놓았지만 다리오가 다다랐던 차원을 넘어서지는 못했다. 그는 스페인어권 세계를 관통하며 확장된 문학 혁명의 리더로서 시뿐만 아니라 모든 문학 장르에 걸쳐 혁신을 가져왔다. 가르실라소가 16세기에 이탈리아의 형식과 영혼을 이식하여 스페인 시를 근대화한 것과 마찬가지로, 다리오는 프랑스 고답파와 상징주의의 미학적 이상과 열망을 받아들여 스페인어권 문학을 모더니티로 이끌었다.

다리오의 문학은 대서양을 가로질러 스페인 문단에까지 폭넓은 반향을 불러일으킴으로써 문화적 차원에서 식민 모국의 일방적 헤게모니가 종언을 고했음을 알렸다. 스페인의 98세대는 다리오의 영향을 받은 대표적인 작가들이다. 98세대는 1898년 미국과의 전쟁에서 스페인이 패배하면서 정치·사회적, 정신적 위기를 겪은 일군의 스페인 작가들로 이루어진 문학세대를 일컫는 용어로서 미겔 데 우나무노Miguel de Unamuno, 라몬 델 바예-잉클란Ramón del Valle-Inclán, 피오 바로하Pío Baroja, 안토니오 마차도 등으로 대표되며, 스페인의 고유한 전통을 재해석, 재발견하고자 하는 흐름을 선도했다. 98세대 일부 구성원을 포함하는 다리오의 추종자들은 흔히 그의 출생지를 기려 '메타파의 아이들hijos de Metapa'로 불린다.

라틴아메리카의 대표적인 모데르니스모 시인들은 쿠바의 호세 마르티와 훌리안 델 카살Julián del Casal, 콜롬비아의 호세 아순시온 실바José Asunción Silva, 멕시코의 마누엘 구티에레스 나헤라Manuel Gutiérrez Nájera와 아마도 네르보Amado Nervo, 아르헨티나의 레오폴도 루고네스Leopoldo Lugones, 우루과이의 훌리오 에레라 이 레이식Julio Herrera y Reissig 등 전 대륙에 걸쳐 다양하게 포진해 있다.

한편, 비센테 우이도브로Vicente Huidobro라는 칠레의 아방가르드 시인은 "위대한 시인은 일체의 유파를 초월하여 모든 시대 안에 존재한다. 위대한 시인은 결코 죽지 않는다"라고 했는데, 그의 말에 딱 들어맞는 시인이 바로 다리오다. 반시인反詩人을 자처했던 파라조차 이렇게 토로했을 정도다. "너는 어떤 색 휴지를 / 좋아하니? / 푸른색… / 푸른색? / 푸른색! / 난 아직 모데르니스모와 결별하지 못했다."

앞서 밝혔듯이, 푸른색은 다리오가 모데르니스모의 상징으로 제시했던 색이다. 그러니까 앞선 세대의 모든 문학을 파괴하고자 했던 파라조차도 결국은 푸른색 휴지를 선호한다는 역설을 드러낸 것으로, 라틴아메리카 시인들은 오늘에 이르도록 영향의 불안에서 자유롭지 못하다는 뜻이겠다.

빛나는 찬사 이면의 우울한 민낯

그런데 스페인어권 내에서는 그토록 찬사를 받는 루벤 다리오에 대해 영국의 문학비평가 모리스 바우라Cecil Maurice Bowra는 1955년 저서 『영감과 시Inspiration and Poetry』에서 결이

다른 평가를 내린 바 있다.

   그의 철학의 결핍은 예술이란 것이 거의 존재하지 않는 나라에서 예술에 첫사랑을 바친, 그리고 그런 이유로 다른 무엇보다 예술을 보물처럼 애지중지할 뿐 그 너머를 바라볼 필요성을 느끼지 못하는 사람의 자연스러운 조건이다.

   다리오에게는 철학이 부재하다는 것, 즉 니카라과는 예술 자체가 존재할 수 없는 나라인데 그곳에서 예술을 사랑했으니 그에게 무슨 철학적인 깊이를 기대하겠는가라는 말이다. 이러한 평가는 유럽 중심주의적 사고를 여실히 드러낸다. 바우라는 라틴아메리카의 실제 현실에 대한 진지한 고려 없이 유럽인인 "자신이 전제하고 있는 것의 거울상"으로서 다리오의 문학을 바라본 것이다.

   그런데 바우라는 고대 그리스 문학 연구에 평생을 바쳤지만, 동시대의 여느 학자들과 달리 서구 이외의 근대시에도 많은 관심을 기울였다. 우리나라에도 소개된 『시와 정치Poetry and Politics』에서는 네루다뿐만 아니라 우리 작가 심훈에게도 여러 페이지를 할애하고 있을 정도다. 이처럼 고대와 현대를 넘나들며 세계 문학의 흐름에 밝았던 그조차도 서구의 이론을 유일한 비평적 전거로 삼아 다리오를 차별적이고 배타적인 시선으로 바라본 것이다.

물론 서구 연구자의 눈에는 다리오의 시가 당대 프랑스 시의 지역적 변형, 다시 말해 라틴아메리카판 상징주의 정도로 비쳤을 수도 있다. 어쩌면 때 이르게 유럽의 권위 있는 학자가 이름 없는 라틴아메리카 소국의 시인을 언급한 것만으로도 감지덕지해야 할지 모르겠다. 하지만 이는 앞서 언급했던 "그[카프카]는 우리에게 눈길도 주지 않는다"는 자조적인 한탄과 마찬가지로 주변부 문학에 대한 서구인들의 뿌리 깊은 편견을 고스란히 드러낸 진술이 아닐 수 없다.

이 논평의 인종주의적이고 서구 중심주의적인 시각은 오늘날 국가횡단적 문학 체계 내 라틴아메리카 문학의 위치와 역할을 설명하는 데 있어 서구 비평계가 노출하고 있는 무력함의 징후를 잘 보여준다. 이는 중심부에 의해 강제된 '고독'에서 라틴아메리카인들을 해방시킬 새로운 사유가 라틴아메리카 '내부로부터' 생산되어야 할 당위적 이유다. 종속이론이나 해방신학, 해방철학은 그러한 탈식민적 지식 생산의 일례라 할 수 있다.

현실을 바라보는 '다른' 시각을 제시한 마술적 사실주의도 같은 맥락에서 이해할 수 있다. 이 흐름을 대표하는 작가인 가르시아 마르케스는 「라틴아메리카의 고독La soledad de América Latina」이라는 제하의 노벨문학상 수상 연설에서 라틴아메리카를 바라보는 중심부의 시선에 내재한 식민주의적 충동을 이렇게 비판한 바 있다. "우리 자신의 것이 아닌 잣대로 우리의 현실을 해석한다면 우리는 갈수록 더 자유롭지 못하고 더 고독한 미지의 존재가 되어버릴 뿐입니다." 결국 그는 세계의 중심임을 자처해온 서구인들을 향해 발화 위치와 주체성의 문제를 제기한 것이다.

다리오는 발파라이소에서 『푸름』을 펴낸 후 활용 가능한 인맥을 최대한 동원해서 어떻게든 유럽에 자신의 책을 알리려고 동분서주한다. 그래서 천신만고 끝에 스페인의 유력한 소설가이자 평론가 후안 발레라Juan Valera의 손에 전달되는데, 책을 받아든 발레라는 '저런 미개한 땅에 이렇게 뛰어난 시인이 있다니!' 하며 깜짝 놀란다.

권위 있는 스페인 문학계 인사의 인정을 받게 된 다리오는 아이처럼 펄쩍펄쩍 뛰었고, "나는 단숨에 영광을 손에 넣었다. 나는 이제 다리 다섯 개를 가진 송아지다"라고 주체할 수 없는 기쁨을 표현했다. 무려 다섯 개의 다리라니! 당시 다리오로서는 천군만마를 얻은 심정이었던 것이다.

라틴아메리카의 문화적 척박함에 좌절감을 감추지 않았고, 그래서 늘 문화의 중심인 파리를 동경했던 그가 한 스페인 평론가의 찬사에 저토록 뛸 듯이 기뻐했다는 것은 소외 의식에 사로잡힌 주변부 작가의 우울한 민낯을 보여준다. 다리오가 런던, 파리와 견주어 줄곧 마드리드의 후진성에 대해 실망감을 표했다는 점을 고려하면 더더욱 그렇다. 19세기 말~20세기 초에 있었던 이 초기의 접촉은 라틴아메리카 작가들의 유럽 쇄도 현상으로 이어졌고, 탈영토화된 라틴아메리카 문학의 먼 미래를 예고한다.

세기말 라틴아메리카의 시대정신, 모데르니스모

앞서 말했듯이 19세기 말~20세기 초 라틴아메리카에서 전개된 모데르니스모는 대륙을 관통한 최초의 문학 운동으로 알려져 있다. 물론 그 성격은 매우 복합적이어서 하나의 운동으로 봐야 하는지 시대정신으로 봐야 하는지에 대해서는 논란의 여지가 없지 않다.

그러면 다리오라는 예외적인 천재 시인이 혜성처럼 등장해서 새로운 문학 흐름을 만들어낸 것인가? 라틴아메리카는 경제적 하부구조에 비해 상부구조의 상대적 자율성이 두드러지는 예외적인 사례일까? 그렇지는 않다. 라틴아메리카가 유럽과 달리 '문명의 향연'에 뒤늦게 도착한 것은 사실이지만, 19세기 말 낮은 수준이나마 그런 문학 흐름이 생겨날 수 있는 물적 토대가 형성되고 있었다.

모데르니스모는 대륙적 차원에서 코스모폴리타니즘의 시작을 알렸으며, 이는 라틴아메리카의 근대 세계 편입의 문학적 반대급부로 이해할 수 있다. 발파라이소나 부에노스아이레스 같은 근대적인 도시 공간의 형성으로 모더니티 경험이 가능해졌고, 일정한 독서 대중이 생겨났으며, 또 빈한하지만 글을 써서 먹고사는 전업 작가와 조악한 형태의 문학지가 등장했다. 이와 관련하여 1971년 우루과이 문학비평가 앙헬 라마^Ángel Rama가 내린 정의에 주목할 필요가 있다.

모데르니스모는 (…) 라틴아메리카가 19세기 부르주아 계급의 산업 문명에 의해 촉발된 사회·문화적 개념인 모더니티에 편입되는 다양한 방식을 표현하는 문학 형태의 총체다. 우리 아메리카는 미국과 유럽 제국들의 정치·경제적 팽창으로 인해 지난 세기 말에 신속하고도 격렬하게 모더니티에 편입되었다.

라마의 견해에 따르면, 모데르니스모의 출현은 산업 자본주의의 근대화 과정이 불러온 사회적·문화적 변화와 밀접하게 관련돼 있다. 물론 급격한 사회적 변화에 대응하고자 하는 치열한 자의식에도 불구하고 작가들이 헤게모니를 쥔 국가 권력에 대항할 수 있는 충분한 힘을 가졌던 것은 아니다. 당시 작가들은 부르주아 사회에서 소외된 사람들이었고, 여전히 가진 게 없는 무력한 존재였기 때문에 자신들만의 대안 공간을 형성하는 데까지 이르지는 못한다.

그런데 이렇게 설명하고 나면, 모데르니스모는 같은 어원을 갖는 모더니즘modernism이나 모더니티modernity 같은 용어들과 헷갈리기 십상이다. 우선 모데르니스모는 형태적으로 영어의 모더니즘에 해당하지만 두 개념은 엄연히 다르다. 모더니즘은 제1차 세계대전으로 인한 불안과 혼돈의 와중에서 구질서에 대한 회의와 반발로 등장한 근대적 감각의 혁신적 예술 경향을 가리키는 것으로, 라틴아메리카 문학에서 대응어를 찾자면 오히려 아방가르드에 가깝다.

반면에 모데르니스모는 19세기 말 프랑스의 고답파나 상징주의와 접목돼 있으며, 따라서 시기적으로 모더니즘이나 아방가르드보다 앞선다. 이런 이유로 과거에는 모데르니스모를 근대성을 뜻하는 모더니티와 무관한 별개의 개념으로 보는 견해가 적지 않았다. 하지만 이제 그러한 주장은 더 이상 찾아볼 수 없다. 마르틴 수엘도Martín Sueldo는 「모더니티와 모데르니스모Modernidad y Modernismo」라는 글에서 이렇게 지적하고 있다.

모더니티와 모데르니스모는 떼려야 뗄 수 없는 개념들이다. 모데르니스모는 문학적 모더니티를 촉발했다. 모더니티는 부르주아지의 등장과 밀접하게 결부된 광범하고 일반적인 용어로서 라틴아메리카에서 이 현상은 19세기 말경 나타났다. 한편, 모데르니스모는 모더니티의 일부를 이룬다.

사실 모더니티라는 개념은 정의하기가 대단히 까다로우며 실제로 학문 영역에 따라 다양한 정의 방식이 존재한다. 역사적으로는 대체로 중세 이후 르네상스와 함께 모더니티가 시작된 것으로 보기 때문에 매우 폭넓은 시기를 아우른다. 16세기에 지리상의 발견이 이루어지고 부르주아지가 등장하고 자본주의가 싹을 틔우면서 산업혁명을 통해 모더니티가 확립되는 단계를 거치게 된다. 그리고 문학적으로는 그보다 훨씬 뒤인 19세기에 모더니티 개념이 정립된다. 그렇기에 19세기 말에 생겨나 20세기 초에 막을 내린 모데르니스모는 더 광범위한 개념인 미적 모더니티, 즉 현실 모더니티에 대한 미적 경험으로서의 모더니티의 부분 집합으로서 그 초기 단계에 해당한다고 할 수 있다. 한편, 포르투갈어권인 브라질의 경우는 파우 브라질 시 선언이나 식인 선언Manifesto Antropófago으로 잘 알려진 모데르니스무modernismo가 스페인어권의 모데르니스모와 달리 영미권의 모더니즘에 해당한다.

모데르니스모는 왜 선언문을 채택하지 않았나

앞서 기본적으로 형성된 물적 토대에 기반을 두어 모데르니스모가 생겨났다고 했지만, 다리오는 항상 자신을 둘러싼 척박한 환경과 그 문화적 후진성을 개탄했다.

레미 드 구르몽이라는 프랑스인이 무지렁이^{Celui-qui-ne-comprend-pas}라는 이름으로 분류한 보편적 인물이 지배하는 우리 대륙의 대다수 지식인이 드러내는 정신적 고양의 절대적 결핍으로 인해 선언문을 채택하는 것은 생산적이지도 않고 시의성도 없다. 무지렁이는 우리들 사이에서 교수, 스페인 왕립 학술원 회원, 신문 기자, 변호사, 시인, 벼락부자다.

바우라는 다리오에게 철학이 결핍돼 있다고 했는데, 다리오가 볼 때는 라틴아메리카의 지식인, 작가들이 다 정신적 결핍에 놓여 있는 것이다. 따라서 무지렁이, 즉 황금과 물질에 눈멀었을 뿐 예술은 전혀 이해하지 못하는 자들 속에서 자신이 모데르니스모의 깃발을 꽂고 선언문을 채택한다는 것이 공허해 보였을 것이다. 교수, 학술원 회원이나 저널리스트, 변호사, 시인, 벼락부자가 너나없이 무식쟁이인 천박한 현실에서 어떻게 새로운 문학을 도모할 수 있겠는가? 그러한 행위는 무지한 사람들의 냉소와 손가락질을 받을 뿐, 그래서 선언문을 채택하는 것은 생산적이지 않고 시의성도 없다고 한 것이다.

이것이 시대를 앞서간 다리오의 평생에 걸친 고민이었

고, '푸름'이라는 대안 공간에 대한 그의 열망과 의지가 결국 위대한 문학을 낳았다. 이러한 이유 때문에 모데르니스모는 조직적인 문학 운동으로서의 성격이 결여되었다는 평가를 받기도 한다. 한편, 라틴아메리카에서 문학적 선언문이 가장 많이 채택된 때는 유럽과 마찬가지로 제1차 세계대전 이후의 아방가르드 시기로, 당시에는 선언문의 홍수 속에 창조주의creacionismo, 에스트리덴티스모estridentismo 같은 다양한 문학 유파가 등장했다.

꿈과 현실 사이에서
저주받은 시인들

시가 하나의 선언문이 되다

이제 추상적인 이야기를 잠시 접어두고 루벤 다리오의 시를 읽어보자. 먼저 모데르니스모의 미학을 응축해서 제시하고 있는 「작은 소나타Sonatina」라는 시다. 상징주의와 마찬가지로 모데르니스모도 시에서 가장 중요하게 생각했던 것은 음악성이다. 다리오는 가장 숭배했던 시인 베를렌Paul Verlaine의 모토 '무엇보다 음악De la musique avant toute chose'을 자신의 것으로 삼았다.

　이 시는 제목에서부터 음악성을 앞세우고 있는데, 그 핵심은 바로 리듬에 있다. 아쉽게도 우리말 번역에서는 포착하기 어렵지만, 완벽한 기법과 새로운 테마, 감각적 요소가 두드러지는 14음절 시행들은 음절수와 악센트 위치, 자모음의 배치가 오차 없이 정확하게 맞아떨어져 강력하고 조화로운 리듬감을 형성한다.

공주는 슬픔에 잠겨 있네… 무슨 일이 생긴 걸까?
웃음도, 핏기도 잃어버린
딸기 입술에선 한숨이 새어 나오네.
공주는 황금 의자에 창백하게 앉아 있네.
청아한 클라비코드 건반은 소리 없고,
꽃병엔 꽃 한 송이 잊힌 채 시들어가네.

정원엔 공작들의 현란한 날갯짓 가득하네.
수다쟁이 시녀는 실없는 이야기 늘어놓고,
빨간 옷의 어릿광대는 발끝으로 선회하네.
공주는 웃지 않네, 공주는 아무 느낌도 없네.
공주는 유유히 동편 하늘을 나는
흐릿한 미망迷妄의 잠자리를 좇네.

슬픔에 잠긴 공주와 어떻게든 그녀의 기분을 풀어보려

고 애쓰는 시녀와 어릿광대, 하지만 아무 소용이 없다. 여기서 동편 하늘은 자기가 있는 '이곳'이 아닌 이상향이나 대안 공간으로서의 '저곳'을 뜻한다. 다리오는 천박한 무지렁이들이 판치는 현실에서 벗어나 새로운 문학을 추구하기 위한 방편으로 그리스 로마 신화의 세계로 향했지만, 이국적인 동양 세계에 대한 환상도 상당해서 가본 적도 없는 그곳에 대한 동경을 자주 드러냈다.

혹시 그녀 두 눈의 달콤한 빛을 보려고
은빛 마차를 멈춰 세운
골콘다나 중국의 왕자를 생각하는 걸까?
아니면 향기로운 장미 섬의 왕을?
아니면 영롱한 다이아몬드의 군주를?
아니면 도도한 호르무즈 진주의 주인을?

아! 장밋빛 입술의 가련한 공주는
제비가 되고 싶네, 나비가 되고 싶네.
가벼운 날개 달고, 하늘로 날아가,
눈부신 햇살의 계단을 올라 태양에 닿고 싶네.

5월의 시로 붓꽃에게 인사를 건네거나,

바다의 우렛소리 위 바람 속으로 사라지고 싶네.

이젠 궁전을 원치 않네, 은銀 실패도,

마법에 걸린 매도, 주홍색 어릿광대도,

푸른 호수 위 일사불란한 백조들도 원치 않네.

꽃들은 궁중의 꽃 때문에 슬퍼하네,

동쪽의 재스민, 북쪽의 연꽃,

서쪽의 달리아 그리고 남쪽의 장미꽃.

푸른 눈의 가련한 공주!

그녀는 황금에 갇혀 있네, 실크드레스에,

왕궁의 대리석 우리에 갇혀 있네.

창을 하나씩 든 백 명의 흑인들과

잠들지 않는 사냥개와 거대한 용이 감시하고

호위대가 지키는 웅장한 궁전에 갇혀 있네.

아, 허물을 벗고 나비가 되고 싶네!

(공주는 슬프다. 공주는 창백하다.)

아, 황금과 장미와 상아의 매혹적인 환영幻影이여!

여명보다 빛나고, 4월보다 아름다운

(공주는 창백하다. 공주는 슬프다.)

왕자님 계신 나라로 날아가고 싶네!

쉿, 쉿, 공주님! –요정 대모가 속삭이네–,

날개 달린 말을 타고 이쪽으로 오고 계세요,

허리춤엔 칼을 차고, 손등엔 새매를 얹고,

본 적도 없이 공주님을 연모하는 행복한 왕자님이.

죽음을 이기고 멀리서 오고 계세요,

사랑의 입맞춤으로 공주님 입술을 불태우러!

이 시는 얼핏 왕자와 공주가 만나서 사랑을 꽃피우는 식의 단순한 요정 이야기를 담은 서술시 같기도 하다. 물론 그렇게 읽어도 좋지만 다리오는 결코 단순한 시인이 아니다. 앞서 다리오는 지금은 시기상조라서 선언문을 채택하지 않겠다고 했다. 그래서 선언문 대신 시에 관한 시, 즉 메타시를 쓴 것이다. 많은 연구자들은 이 시론詩論적 성격의 시를 일종의 모데르니스모 선언문이라고 평하기도 한다.

이 시를 단순한 요정 이야기가 아니라 진지한 시적 성찰이자 예술 철학의 알레고리로 받아들인다면, 여기에 등장하는 왕자는 누구일까? 시인, 더 구체적으로 다리오 자신이다. 그리고 공주는 시가 된다. 시인이 평생 좇았던 일종의 시적 이상의 알레고리다. 라틴아메리카 문학의 새로운 좌표를 치열하게 모색했던 다리오는 자연스럽게 이와 같은 형식의 메타시를 상당수 남기고 있다.

물질이 지배하는 속물적인 세상에 시로 맞서다

다음은 「백조El cisne」라는 시다. 푸른색과 더불어 백조는 모데르니스모를 상징하는 주된 모티프의 하나다. 호수 위를 유유히 떠다니는 백조, 그 우아한 라인이 바로 떠오르지 않는가. 모데르니스모에서 백조는 단순한 장식적 요소가 아닌 영원한 예술미의 상징이다. 그래서 절대미, 순수, 꿈, 이상, 때로는 현실에 대한 무관심, 그리고 더 나아가서 관능성 등 다리오가 생각하는 긍정적 가치의 총화로서의 의미를 지닌다.

　　바야흐로 인류에게는 신성한 순간이었네.

예전에 백조는 오직 죽을 때만 노래했지.

하지만 백조의 바그너풍 노랫가락 들려왔을 때는

여명이 한창이었고, 다시 태어나기 위함이었네.

인해人海의 격랑 위로

백조의 노래 들려오네, 끝없이 들려오네.

게르만의 늙은 신 토르의 망치소리와

앙간티르의 검을 찬양하는 나팔소리 잠재우며.

토르Thor나 앙간티르Argantir는 모두 북유럽 신화 속 인물이
고 망치, 나팔소리는 폭력과 전쟁이 지배하는 인간 세상을
뜻한다. 그래서 인해人海, 즉 인간 바다의 격랑이라고 표현하
고 있다. 그리고 이런 부정적인 것들을 백조의 노랫소리가
잠재운다. 따라서 백조와 백조로 표상되는 새로운 시는 물
질이 지배하는 속물적인 세계에 대한 예술적 응전의 성격
을 갖는다. 고대 신화에 대한 천착이나 중국과 일본에 대한
동경도 마찬가지다. 모데르니스모는 부르주아지의 등장이
라는 토대 위에서 꽃필 수 있었지만, 동시에 그 사회와 불
화하는 이중적인 상황에 놓이게 된 것이다.

오, 백조여! 오, 신성한 새여! 전에는 순백의 헬레네가

레다의 청란青卵에서 더없이 우아하게 태어나

불멸의 미의 공주가 되었다면,

지금은 그대의 흰 날개 아래서 이상의 화신인

순수하고 영원한 헬레네가 빛과 조화의

영광 속에 새로운 시詩를 잉태하네.

위의 시행들은 레다에게 접근하기 위해 제우스가 백조
로 변신하는 신화를 환기시키면서 과거에 레다의 청란에
서 절대미의 상징인 헬레네가 태어났다면 이제는 헬레네
가 백조의 흰 날개 아래에서 모데르니스모라는 새로운 시
를 잉태하고 있음을 노래하고 있다. 그리고 그 새로운 시는
세상의 온갖 풍파와 인간 세계의 속됨을 이겨낼 수 있는 숭
고한 가치를 지녔음을 천명한다. 이처럼 「백조」 역시 「작
은 소나타」와 마찬가지로 새로운 문학에 대한 성찰이 담긴
일종의 메타시라고 할 수 있다.

그런데 추구하는 이상적인 시가 시인의 상상 속에 분명
히 존재할지라도 꿈과 현실은 다르지 않던가. 하나의 관념

으로 존재하는 시적 이상을 상상이 아닌 현실로 구현한다는 것은 결코 쉬운 일이 아니다. 그래서 시인은 순간순간 회의적인 시선을 내비치기도 하는데, 「하나의 형形을 좇지만…Yo persigo una forma…」이라는 시에는 그러한 심상이 잘 표현되어 있다.

나는 내 스타일이 찾지 못하는 하나의 형形을 좇네,
장미꽃이 되고자 하는 생각의 싹,
내 입술에 내려앉는 입맞춤으로
밀로의 비너스의 불가능한 포옹을 예고하네.

초록의 야자수들이 하얀 열주랑을 장식하고,
별들은 내게 여신의 환영幻影을 예언했네.
달의 새가 잔잔한 호수 위에서 안식하듯
빛은 내 영혼 속에 잠드네.

내가 찾아내는 건 달아나는 말[言]뿐,
피리에서 흘러나오는 선율의 첫머리,
허공을 항해하는 꿈의 배뿐.

잠자는 미녀의 창문 아래선

졸졸대는 샘물의 흐느낌 그칠 줄 모르고

커다란 흰 백조의 목은 내게 물음표를 그리네.

시인이 힘겹게 찾아낸 말은 손가락 사이로 빠져 흐르듯 도망쳐버리고, 전에는 우아함과 아름다움의 상징이었던 백조의 목선은 시적 이상을 구현하지 못하는 "불가능한 포옹"의 순간에는 커다란 물음표로 보이는 것이다. 영원히 도달하지 못할 이상향 앞에서 시의 어조는 사뭇 심각하고 회의와 의심의 정서가 지배적이다. 이 시가 모데르니스모의 영광을 대변하는 시집 『세속적인 세퀜티아』의 마지막에 실려 있다는 것은 매우 시사적인데, 다분히 새로운 시적 변화의 예고로 읽히기 때문이다.

시의 리듬으로 구현되는 우주적 조화

위에 인용한 시들이 실려 있는 『세속적인 세퀜티아』의 서문도 선언문적인 성격을 강하게 띠고 있는데, 여기에서 다리오는 모데르니스모 미학과 관련하여 아주 짧막하게 핵심적인 주제를 던지고 있다.

운율의 문제? 리듬? 단어 하나하나는 영혼을 지니고 있으므로 각각의 시구에는 언어의 조화 외에도 관념적 멜로디가 있다. 많은 경우, 음악은 관념에서 온다.

이게 대체 무슨 말일까? 다리오 이전까지는 틀에 박힌 음수율에 의존하는 작시법이 주를 이루었다. 하지만 그는 이에 파격과 혁신을 가해 리듬을 극대화한다. 그런데 그렇듯 낭랑하고 음악성 넘치는 시의 언어와 형식은 귀가 호사를 누리는 것으로 전부인 걸까? 다리오는 시의 언어와 형식 자체를 우주관의 투영으로 보았다. 초목이든 강이든 구름이든, 우주를 이루는 만물의 조화와 통일성은 음악적인 시의 리듬으로 구현된다는 것이다. 옥타비오 파스의 말대로, "시인의 사명은 세계와 감각과 정신 사이에 다리를 놓기 위해 창조의 리듬을 듣는 것, 그러나 동시에 보고 만지는 것"이며, 이러한 아날로지의 탐색은 고정된 운율의 작위성에 맞서 그가 시도했던, 리듬과 언어의 울림을 따르는 작시법과 밀접하게 관련되어 있다.

그렇다 보니 다리오는 이전의 정형시와 다르게 자신의 시에서 다양한 형식을 실험하게 되고, 자연히 작시법을 다룬 책에서는 그의 시가 사례로 빈번하게 등장한다. 새로운 시를 향한 열정과 근대정신의 산물인 그의 작품은 스페인어 작시법에서 하나의 혁명이었다. 8음절과 11음절에 토대한 전통적인 운율과 함께 9음절, 12음절, 14음절처럼 거의 사용된 적이 없거나 이미 사용되지 않는 시행들을 도입하여 새로운 리듬의 가능성을 모색했다. 끊임없는 형식 실험을 통해 음악성을 극대화하고자 했던 그의 노력은 전통적 정형시에서 자유시로 넘어가는 과도기적 단계의 시적 혁신을 이뤄냈다.

다리오가 『세속적인 세퀜티아』 서문에서 언급하고 있는 아날로지의 탐색은 프랑스 상징주의 시에서도 어렵잖게 찾아볼 수 있다. 황현산이 번역한 샤를 보들레르의 시 「만물조응Correspondances」을 보자.

자연은 하나의 신전, 거기 살아 있는 기둥들은

간혹 혼돈스런 말을 흘려보내니,

인간은 정다운 눈길로 그를 지켜보는

상징의 숲을 건너 거길 지나간다.

밤처럼 날빛처럼 광막한,

어둡고 그윽한 통합 속에

멀리서 뒤섞이는 긴 메아리처럼,

향과 색과 음이 서로 화답한다.

어린이 살결처럼 신선한 향기, 오보에처럼

부드러운 향기, 초원처럼 푸른 향기들에

– 썩고, 풍성하고, 진동하는, 또 다른 향기들이 있어,

호박향, 사향, 안식향, 훈향처럼,

무한한 것들의 확산력을 지니고,

정신과 감각의 앙양을 노래한다.

보들레르가 제시한 개념들 중 만물조응(상응)은 가장 핵
심적인 개념의 하나다. 아날로지를 시학의 중심으로 삼았
던 그는, "간혹 혼돈스런 말을 흘려보내니"라는 구절에서
사물의 언어는 이해 불가능하다는 것을 암시하고 있긴 하
지만, 자연의 온갖 요소들이 메아리처럼 서로 화답하며 조
화를 이루는 우주적 상응을 그려내고 있다. 다시 파스의 말

을 빌리자면, "세상은 반복되고 결합되는 리듬에 의해 지배되는 무대, 인간을 포함한 모든 존재들이 자신의 닮은꼴과 상응(유사성)을 발견하는 조화와 화합의 무대"이며, 결국 "상응과 아날로지는 바로 우주적 리듬에 붙여진 이름들"이다. 영국과 독일 낭만주의의 아날로지 전통을 계승한 프랑스 상징주의자들은 음악성이나 회화성을 띤 상징을 통해 세상의 조화를 시 안에서 구현했으며, 다리오는 상징주의의 이러한 특징을 자신의 것으로 받아들인다.

이처럼 다리오나 보들레르가 추구하는 것은 "음악과 색채, 리듬과 관념의 상응이며 보이지 않는 현실과 운율을 맞추는 감각의 세계"다. 그래서 "언어의 조화"는 곧 "관념적 멜로디"가 되고 형식은 곧 내용이 되는 것이다. 위의 시에서 보듯이 하나의 감각을 다른 감각으로 전이시키는 공감각적 이미지는 시적 리듬과 우주적 리듬의 조응을 표현하는 효과적인 수단의 하나다. 이에 대한 파스의 얘기를 들어보자.

시적 리듬은 바로 우주적 리듬의 현시다. 모든 것은 리듬이므로 서로 상응한다. 시각과 청각은 서로 연관된다. 눈은 귀가 듣는 것을 보는 것이다. 그것은 세계들의 조화이며 화음이다. 감각과 지각의 융합이다. (…) 우주를 언어로서 듣는다면 또한 우주를 말하는 것이기도 하다. 시인의 언어 속에서 우리는 세계, 즉 우주의 리듬을 듣는다.

우주를 구성하는 모든 요소들이 서로 닮은꼴로 상응하며 그것들은 결국 리듬으로 구현된다는 것이다. 즉, "시편은 세상의 음악이 울리는 소라고둥이고, 시편의 운율과 각운은 전체적인 조화의 상응이자 울림"이다. 파스는 「달팽이와 세이렌El caracol y la sirena」이라는 글에서 다리오의 시 세계에 대해 명민한 비평가의 분석을 보여준 바 있다. 그는 다리오의 시에 내포된 "리듬-으로서의-세계mundo-como-ritmo"라는 관념에서 출발해서 거대한 시론의 체계를 세웠다고 해도 과언이 아닌데, 그래서 두 시인은 일맥상통하는 점이 많다. 글의 제목부터가 다리오와 모데르니스모의 특징을 잘 포착했으니, 그리스 신화에서 세이렌은 노래와 관련돼 있고, 달팽이도 소라고둥처럼 울림이 있는 생명이 아닌가 말이다.

영혼 없는 세상과 끝내 불화한 시인

모데르니스모 시기는 정신적 공허와 우울이 지배하는 문화적·사회적 격변의 시대였다. 시대의 흐름에서 자유로울 수 없었기에 루벤 다리오의 시도 차츰 아날로지의 세계에서 아이러니의 세계로 중심이 이동하게 된다. 불화와 균열을 뜻하는 아이러니는 조화와 통일성을 의미하는 아날로지의 상대 개념이다. 다시 말해 "이것과 저것, 소우주와 대우주 사이의" 상응이 빚어내는 화음을 깨뜨리고 소음으로 만드는 불협화음이 바로 아이러니인 것이다. 그리하여 자연과 우주, "개별성이 총체성을 꿈꾸고, 차별성이 통일성을 지향하는" 순환적·신화적 시간 대신 고뇌하는 근대적 인간, 직선적이고 불가역적인 역사적 시간이 중요한 위치를 차지하게 된다.

다시 「달팽이와 세이렌」의 한 대목을 보자.

근대적 인간은 아날로지와 상응이 오류이고 설득력이 없음을 폭로하는 예외적 존재다. (…) 인간은 이제 나무도 풀도 아니며, 새도 아니다. 그는 홀로 창조의 중간에 있을 뿐이다.

고대 이래로 시인들은 길거리를 걸어다니는 범인들과는 다른, 선택받은 존재라는 인식이 있었다. 그런데 근대 사회에 이르러 이제 시인들은 선지자, 예언자의 위치에서 무기력한 사회부적응자로 추락하게 된다. 그래서 우리는 프랑스 상징주의자들을 일러 흔히 '저주받은 시인들les poètes maudits'이라고 한다.

근대 서정시의 기본적 경험은 열망해왔던 절대의 상실과 불협화음의 출처가 되는 세계의 파괴이며, 이제 남는 것은 텅 빈 초월과 스스로 소진되는 신화적 충동뿐이다. 재현할 현실이 없다면 의미는 더 이상 관심의 대상이 아니다. 여기에서 '귀족적인' 자기 고립을 통한 독서 대중과의 단절이 비롯하며 감정적 비현실이 생겨난다. 이로써 문학은 점차 그들만의 리그로 변해버리고 세상과의 소통은 불가능하거나 더 이상 중요하지 않게 된다.

이렇게 보면 세기말의 시인들이 추구했던 예술을 위한 예술, 즉 예술지상주의는 자본주의 사회의 각종 모순으로부터의 도피라기보다는 이성과 과학에 대한 맹신이 초래한 물질 만능주의와 정신적 위기에 저항하는 하나의 방식이었을 수 있다. 가령 다리오는 「시인과 왕El poeta y el Rey」이라는 시에서 이렇게 노래하고 있다.

"자네는 이름이 있는가?"

"없습니다, 폐하."

"혹 조국은 있는가?"

"세상이 저의 거처입니다."

"자네의 목구멍에선 왜 그토록

비애悲哀가 솟아나는가?"

"자네는 자유인인가, 노예인가?"

"자유인입니다. 하지만 폐하,

저는 슬프게도 저는…

시인입니다!"

여기에는 시인이 살아가는 속물화된 사회에 대한 예리한 풍자와 자조적인 냉소가 드러나 있다. 아날로지적 비전을 노래하던 시인의 손으로 썼다고 하기에는 매우 이질적인 작품이다. 그렇다면 과연 미학적 이상과 세계와의 화해를 가로막고 시인과 시를 추방하는 사회는 어떤 사회일까? 바로 물질이 지배하는 부르주아 사회다. 마르크스와 엥겔스는 『공산당 선언』에서 "부르주아지는 의사, 법률가, 성직자, 시인, 학자 등을 자신들에게서 돈을 받는 임금노동자로 바꿔놓았다"고 했으며, 파스는 "저주받은 시인들은 낭만주의의 산물이 아니라, 동화되지 않는 것들을 추방하는 사회가 만들어낸 결과물이다. 시는 부르주아지에게 계시를 주거나 즐거움을 주지 않는다. 그래서 부르주아지 사회는 시인을 추방하고 사회의 기생충이나 걸인으로 만든다"고 설파했다. 니카노르 파라의 「선언문Manifiesto」이라는 시에도 "쁘띠 부르주아는 먹고사는 문제가 아니면 반응하지 않는다"는 구절이 있는데, 마찬가지로 냉소적인 반反부르주아적 태도를 드러낸다.

여기에서 우리는 『모더니티의 다섯 얼굴Five Faces of Modernity』에서 칼리니스쿠Matei Calinescu가 주목했던 근대성의 역설, 다시 말해 미적 모더니티와 현실 모더니티의 갈등과 충돌을 확인할 수 있다. 그에 따르면, 19세기 전반에 이르면 과학 기술의 발달, 산업혁명, 그리고 자본주의에 의해 촉발된 광범한 사회·경제적 변화의 산물인 모더니티와 미적 개념으로서의 모더니티 사이에 균열이 생겨난다. 정치·경제 체제로서의 현실 모더니티는 근대 초기의 두드러진 전통을 계승한 반면, 미적 모더니티는 개혁적인 반부르주아적 태도로 기울어져 폭동과 무정부주의 혹은 묵시록에서 귀족적인 자기 유폐에 이르기까지 다양한 방식으로 현실에 대한 혐오와 역겨움을 표현했다.

이러한 문제의식은 다리오의 시보다는 단편에서 집중적으로 나타나는데, 가령 「부르주아 왕El rey burgués」에서 가난한 시인은 권위주의적인 부르주아 왕에게 빌붙어 비루하게 살아가며, 종국에는 왕의 여흥을 위해 정원에 설치해놓은 음악상자 손잡이에서 비극적으로 생을 마감한다. 시인은 주변의 철저한 무관심 속에서 "예술이 바지가 아닌 불꽃이나 황금의 망토를 걸치게 될" 이상 세계를 머릿속에 그리며 얼어 죽은 것이다.

그 외에도 다리오는 「황금의 노래La canción del oro」, 「마브 여왕의 베일El velo de la reina Mab」, 「파랑새El pájaro azul」 등의 단편에서 근대 부르주아 사회에 적응하지 못한 소외된 예술가의 우울한 초상을 그려내고 있다.

다음 사진은 과테말라에서 니카라과의 레온으로 거의 산송장이 돼서 돌아온 다리오의 사망 직전 모습이다. 알코올 중독으로 건강상의 문제가 심각했지만, 자유분방한 그

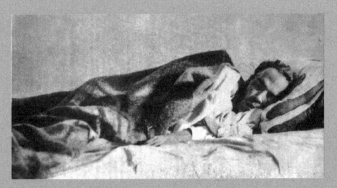

임종을 앞둔 루벤 다리오의 모습

스페인 수도 마드리드에 있는 '루벤 다리오' 지하철역 ⓒ De FDV – Trabajo propio, CC BY-SA 4.0

의 삶에서 가장 치명적인 고통은 시인을 고립으로 이끄는 사회와의 불화였을 것이다. 시인을 추방하고 예술의 가치를 인정하지 않는 영혼 없는 사회와의 불화, 그것이 결국 그의 죽음을 앞당긴 것이 아닐까.

위대한 혁신가,
라틴아메리카 근대 문학을
열다

몸과 마음이 온통 파리로 향했던 작가들

지금까지 살펴본 대로 루벤 다리오로 대표되는 모데르니스모는 세기말에 갑자기 등장한 하나의 문학 사조나 단순한 시 문학 쇄신 운동이 아니라 변화와 근대성을 지향한 종합적인 시대정신의 산물이라고 할 수 있다.

그리고 시인을 추방하는 반예술적인 사회에 대한 비판은 19세기 말 급격한 정치·사회적 변화를 겪고 있던 현실 세계에서 시인들이 느낀 정신적 공허의 표현으로 볼 수 있다. 즉 모데르니스모의 시 정신은 당대의 모더니티에 대응한 문예 전략의 일환인 것이다.

하지만 자신이 발 딛고 서 있는 현실과 동떨어진 이국적인 세계를 노래하고 동경했기 때문에 다리오는 그의 문학 성과는 별개로 라틴아메리카 시인으로서의 정체성을 의심받게 된다. '시인들의 시인'으로서 수많은 추종자를 거느렸음에도 불구하고 시대 상황과 맞물려 이 지점에 대해서만큼은 적지 않은 비판이 있었던 것이 사실이다. 그 결정적 빌미를 제공한 『세속적인 세퀜티아』 서문에서 다리오는 이렇게 적고 있다.

할아버지, 이 말씀은 꼭 드려야겠어요. 제 아내는 여기 사람이지만, 제 애인은 파리의 여인입니다.

이 구절 하나만으로도 근대 문화의 중심 파리에 대한 시인의 애착과 동경이 어느 정도였는지 읽어낼 수 있다. 그런데 비단 다리오뿐만이 아니었다. 척박한 라틴아메리카 땅에서 태어난 많은 작가, 예술가들의 몸과 마음은 이미 파리로 향해 있었고, 그건 거부할 수 없는 시대적 흐름이었다.

「방랑Divagación」이라는 시에서는 프랑스에 대한 동경이 신화의 범주로까지 승격된다.

나는 그리스인들의 그리스보다

프랑스의 그리스를 더 사랑하네. 프랑스는

웃음소리와 유희의 메아리 속에

그리스의 가장 달콤한 술인 비너스를 마시기 때문.

상황이 이렇다 보니 우루과이 사상가 호세 엔리케 로도 José Enrique Rodó는 더 이상 참지 못하고, "의심의 여지없이 루 벤 다리오는 아메리카 시인이 아니다"라고 비판의 목소리 를 높이게 된다. 이처럼 '현실 너머', 즉 동시대의 파리를 꿈 꾸었다는 이유로 현실 도피적 유미주의자의 혐의가 씌워 진 것이다. 이국적인 신화와 동양의 세계, 백조와 푸른색으 로 상징되는 고상하고 감각적인 시 세계는 흙먼지 이는 현 실과 유리된 상아탑의 문학으로 비쳐졌던 것이다.

"나는 아메리카의 아들이요, 스페인의 손자"

그런데 정말 루벤 다리오가 라틴아메리카 시인으로서의 정체성을 버리고 단순히 현실에서 도피한 것일까? 이에 대 해서는 상당한 이견들이 있다. 다리오의 『푸름』을 호평했 던 후안 발레라는 1888년 10월 마드리드 일간지 『엘 임파르시알『El Imparcial』에 실린 편지글에서 이렇게 말한다.

　나는 당신의 정신적인 갈리시슴에 관대했을 뿐만 아니라 그 완벽함에 찬사를 보낸 바 있습니다. 그럼에도 당신 안에 있는 프랑스풍이 영국, 독일, 이탈리아의 전통과 결합된다면 나는 훨씬 더 큰 찬사를 보낼 것입니다. 스페인의 전통도 포함되지 않을 이유가 없겠지요.

　갈리시슴gallicisme은 프랑스풍, 프랑스화를 뜻하는 것으로, 발레라는 지나치게 프랑스 전통에 경도돼 있는 다리오에게 아쉬움을 표하고 있는 것이다. 하지만 뒤이어 "당신은 그 누구도 모방하지 않습니다"라며 독창적 창조자로서의 그의 면모를 부각시키고 나서 "당신은 당신 뇌의 증류기에 그 모든 전통을 집어넣고 쪄서 아주 진기한 제5의 에센스를 뽑아냈습니다"라고 찬사를 아끼지 않는다. 다리오 역시 『세속적인 세퀜티아』 서문에서 발레라의 평가에 부응하는 진술을 한다.

　나는 다른 이들의 방향을 인도할 나의 문학을 가지고 있지 않다. 나의 문학은 내 안에서 나의 것일 뿐이다. 맹목적으로 나의 발자취를 좇는 사람은 자신의 보물을 잃게 될 것이다. 바그너는 어느 날 제자인 오귀스타 올메스에게 말했다. "무엇보다, 그 누구도 모방하지 마라, 특히 나를." 명언이다.

다리오는 자신을 추종하는 에피고넨들에게 경고의 메시지를 보내고 있는 것이다. 모방을 경계하는 그의 태도에서 미루어 짐작할 수 있듯이, 모데르니스모가 단순히 프랑스 상징주의와 고답파의 맹목적인 모방이요, 중심부 모델의 빛바랜 지역적 변형에 불과하다는 폄훼적 시각은 서구의 논리로 비서구적 타자를 재단하고 포섭해온 문화제국주의의 발로다. 그러나 이제 모데르니스모는 단순한 엑조티시즘이 아닌 창조적 문화횡단의 산물로 새롭게 평가되면서 이러한 편견은 상당 부분 설득력을 잃고 있다. 프랑스 고급문화의 영향을 받고 그 주된 경향을 공유한다고 해서 "열등한 모방 신드롬"의 산물로 간주될 수는 없으며, 서구 중심적 보편주의의 논리에 밀려 작가 개인의 독자적인 스타일이나 지역적 맥락까지 도외시되어서도 안 되기 때문이다.

한편, 옥타비오 파스는 모데르니스모를 둘러싼 현실도피 논란과 관련하여 다음과 같은 옹호 발언을 한 바 있다.

흔히 모데르니스모는 아메리카 현실로부터의 도피라고 말해 왔다. 오직 하나뿐인 진정한 현재, 즉 보편적 현재를 찾아 그들의 눈에 시대착오로 비친 지역적 현재로부터 탈주했다고 말하는 편이 더 정확할 것이다. 루벤 다리오와 그의 동료들의 입술에서, 모더니티와 코스모폴리타니즘은 동의어였다. 파리, 런던과 동시대의 아메리카를 욕망했을 뿐, 그들은 반反아메리카를 표방하지 않았다.

상당히 설득력 있는 논리다. 한마디로 "텅 빔에 대한 공포"와 그에 대한 문학적 대응이 시인을 세계주의자로 이끌었을 뿐, 현실도피와는 거리가 멀다는 것이다. 또한 보편적 현재를 찾아 지역적 현재에서 탈주했을 뿐 반反아메리카를 표방하지 않았기 때문에 나중에 반제국주의자가 될 수 있는 가능성이 차단되지 않았던 것이다. 보르헤스 역시 같은 맥락에서 코스모폴리타니즘에 대해 파스와 유사한 정의를 내린다.

코스모폴리탄이 된다는 것은 어느 한 나라에 무관심하고 다른 나라들에 민감하다는 것을 의미하지 않는다. 그것은 모든 나라와 모든 시대에 민감하고자 하는 관대한 야심, 영원성의 욕망이다.

세계주의자가 된다는 것은 결코 나의 세계를 버리는 게 아니며, 진정한 의미의 세계주의는 나 자신을 감싸 안으면서 다른 세계를 욕망하는 것이라는 말이겠다. 보르헤스의 말도 그 자신의 문학이 다다른 도저한 보편성은 물론, 다리오의 시 세계를 이해하는 데 매우 유용한 진술이다.

그런데 아이러니하게도 이러한 현실도피의 혐의를 벗긴 것은 루벤 다리오 자신이었다. 오랫동안 세계주의자의 면모를 견지했던 그는 한순간 태도가 180도 달라져서 「백조들Los cisnes」이라는 시에서 이렇게 선언하기에 이른다.

나는 아메리카의 아들이요, 스페인의 손자다….

스페인은 식민 모국이지만 같은 유럽의 영국이나 프랑스에 비해 뒤처진 나라로 인식해 지금껏 실망감을 감추지 않았던 곳인데, 이제는 자신이 스페인의 손자라며 갑자기 같은 혈통으로서의 긍정적인 애정을 표현한 것이다. 도대체 왜 그랬을까? 바로 스페인과 미국의 전쟁 때문이다. 스페인은 1898년 미국과 전쟁을 벌여 패배하고 그 여파로 마지막 식민지였던 쿠바와 푸에르토리코, 괌, 그리고 필리핀을 잃게 되는데, 이 사건으로 라틴아메리카 지식인·작가들은 미국의 제국주의적 침탈과 폭력성에 대해 경각심을 갖게 된다. 그리고 이러한 시대적 상황에 부응하여 다리오의 시도 현실에 대한 날카로운 통찰을 나타낸 것이다.

미국의 야만성을 질타하다

미국-스페인 전쟁이 일어난 바로 그 해에 다리오는 라틴 혈통을 이어받은 지식인들이 부에노스아이레스의 빅토리아 극장에 모여 행한 일종의 반미 규탄 대회 직후 「칼리반의 승리El triunfo de Calibán」라는 제목의 글을 발표한다. 결연한 반미 의지를 드러낸 에세이의 첫머리는 이렇다. "아니, 그럴 수 없다. 은 이빨을 가진 버펄로들 편에 설 수는 없다. 그러고 싶지도 않다. 그들은 나의 적이며, 라틴 혈통을 증오하는 야만인들이다."

칼리반은 셰익스피어의 마지막 작품으로 알려진『템페스트The Tempest』에 등장하는 인물이다. 일각에서는 이 작품이 영국의 식민 지배를 정당화하는 제국주의적 성향을 다분히 지니고 있다고 주장하는데, 다리오는 자신의 연설에서 서구 사회가 전통적으로 칼리반에 부여해온 상징성을 전복시킨다.

『템페스트』의 등장인물 중 프로스페로는 밀라노의 대공으로, 나폴리 왕 알론소의 힘을 빌린 동생 안토니오에게 배신당해 딸 미란다와 함께 망망대해에 던져진 후 무인도에 상륙하여 복수의 칼을 가는 인물이다. 무인도에는 아리엘이라는 공기의 정령과 반인반수의 괴물 칼리반이 살고 있었다. 마녀 시코락스의 아들 칼리반은, 그 이름이 식인종을 뜻하는 카니발cannibal에서 왔다는 사실에서 알 수 있듯이, 무지몽매한 야만의 상징으로 그려진다. 프로스페로는 칼리반을 노예로 삼아 글을 가르쳐주는 등 문명의 세례를 주지만 글을 깨친 그는 주인에게 욕설을 퍼부으며 저항하기에 이른다.

유럽 중심주의적 관점에서 이 작품은 흔히 관용과 화해의 숭고한 메시지를 담은 인간 승리의 찬가로, 그리고 아리

엘과 칼리반은 각각 인간의 영혼과 육체의 알레고리로 해석돼왔다. 그러나 시각을 바꿔서 칼리반과 프로스페로를 각각 신대륙의 야만스러운 원주민, 이성적인 유럽인과 동일시하면, 『템페스트』는 유럽 제국주의와 식민주의를 정당화하는 작품으로, 칼리반의 모욕과 음모는 탈식민적 저항으로 읽힐 수 있다. 그렇다면 프로스페로의 이미지는 식인종에게 붙들린 원주민을 구해준 후 노예로 삼아 프라이데이라는 이름을 지어주고는 가장 먼저 '예', '아니오'를 가르쳤던 로빈슨 크루소와 겹쳐진다. 이처럼 『템페스트』의 등장인물들은 해석자의 발화 위치에 따라 다양한 의미로 변주되어왔다.

그런데 루벤 다리오는 「칼리반의 승리」에서 문명과 야만의 이분법을 전복시켜 야만스러운 것은 라틴아메리카가 아니라 바로 미국이라고 질타하고 있다. 물질주의를 앞세운 북미의 앵글로·색슨족이야말로 그리스 라틴 문명의 정신주의와는 동떨어진 야만인들이며, 따라서 자신은 그들을 편들 수 없고 라틴 혈통인 스페인이나 프랑스, 이탈리아의 뿌리 깊은 전통을 더 숭상한다는 전복적인 사유를 펼치고 있는 것이다. "아메리카의 시인이 아니다"라는 비판까지 받았던 그가 로도의 기념비적 저작 『아리엘Ariel』보다 2년이나 앞서 반미와 스페인주의hispanismo, 범라틴아메리카주의를 선양하는 일종의 문화 팸플릿을 발표했다는 것은 주목할 만한 사실이 아닐 수 없다. 훗날 쿠바의 시인 페르난데스 레타마르Roberto Fernández Retamar와 네그리튀드 운동의 주창자인 마르티니크 출신의 프랑스 작가 에메 세제르Aimé Césaire는 칼리반/아리엘의 이항 대립에 기댄 다리오의 주장을 재차 전복하여 탈식민주의적 관점에서 칼리반을 식민 지배자 프로스페로에 저항하는 피식민 원주민의 상징으로 재해석하게 된다.

미국-스페인 전쟁을 계기로 반反제국주의자로 변모한 다리오의 모습은 대단히 새로운 면모라 할 수 있다. 그는 「루스벨트에게 고함A Roosevelt」이라는, 미국의 패권주의에 보내는 경고의 메시지를 담은 시를 쓰기도 했다.

사냥꾼아, 당신에겐 성서의 말씀이나 월트 휘트먼의
시구를 가지고 다가가야만 할 터!
원시적인 동시에 근대적이며, 단순한 동시에 복잡한,
조금은 워싱턴 같고 또 조금은 니므롯 같은 당신!

당신은 미국이다,

당신은 아직 예수그리스도께 기도를 바치고 아직 스페인어를

말하며 선주민의 피를 간직한 천진한 아메리카를 유린할

미래의 침략자다. (⋯)

시어도어 루스벨트는 사냥을 매우 즐겼던 인물이기에 그를 사냥꾼으로 칭하고 "야훼께서도 알아주시는 힘센 사냥꾼"으로 묘사된 구약성서의 인물 니므롯에 비유하면서 루스벨트로 대표되는 미래의 침략자 미국에 비판의 칼날을 겨눈다. 루스벨트는 러일전쟁을 중재한 공로로 노벨평화상까지 받았지만, 그 이면에 숨겨진 제국주의적 야심을 비판하고 경계하는 것이다.

이처럼 다리오는 적어도 두 개의 얼굴을 가졌고, 모데르니스모도 결국 단일한 방향성을 가진 문학 운동이 아니었던 것이다. 모데르니스모 자체가 라틴아메리카의 정치적 독립에 뒤이은 문화 영역에서의 탈식민적 실천의 성격을 일정 부분 지녔다는 점을 고려하면 다리오의 입장 변화가 크게 놀랄 일도 아니다. 그러나 급격한 입장 선회에도 불구하고 다리오는 행동하는 지성으로 쿠바의 독립에 헌신했

던 또 다른 모데르니스모 시인 호세 마르티와는 여전히 거리가 멀다.

삶은 힘겹고, 신산하고, 괴로운 것

『삶과 희망의 노래』에 실린 「봄에 부르는 가을 노래^{Canción de otoño en primavera}」는 많은 사람들이 즐겨 낭송하는 다리오의 대표작 중 하나다. 여기에서 시인은 계절로서의 생동하는 봄과 인생의 가을을 맞은 자신의 처지를 대비하여 가버린 젊음에 대한 아쉬움을 토로하고 있다.

> 젊음이여, 신성한 보물이여,
>
> 이제 너 돌아오지 못할 길 떠나는구나!
>
> 울고 싶을 때 울지 못하고…
>
> 때론 울고 싶지 않은데 눈물이 난다.

널리 알려진 위의 후렴구가 시의 마지막까지 계속 반복, 변주되면서 규칙성을 통해 리듬감이 형성되며, 그 사이사이에 시적 화자는 자신이 인연을 맺었던 여자들 이야기를 늘어놓는다.

나의 하늘빛 사랑 이야기는

헤아릴 수 없이 많았지.

그녀는 슬픔과 고통 가득한

이 세상에서 달콤한 소녀였네. (…)

숱한 나라, 숱한 땅에서

인연을 맺은 다른 여인들!

비록 나의 시에 영감을 주진 못했어도,

언제나 내 가슴의 환영幻影이라네.

첫 번째 여인은 달콤한 소녀였고, 이후에는 좀 잔인한
여자를 만나기도 했다는 둥 계속해서 자신의 연애사를 늘
어놓다가 막바지에 가서는 돌연 결이 다른 이야기를 한다.

난 슬픔 속에 기다리는

공주를 헛되이 찾아 헤맸지.

삶은 힘겹고, 신산하고, 괴로운 것.

이젠 노래할 공주가 없네!

단순히 잃어버린 청춘과 옛사랑의 추억을 노래하는 줄 알았는데 알고 보니 자신이 찾아 헤맨 새로운 시를 여자들에 빗대 이야기한 것이다. 온 세상을 떠돌며 시적 이상을 좇았지만, 이제 시간의 흐름 속에서 몸은 늙어가고 노래할 공주도 보이지 않는다며 사뭇 회의주의적인 태도를 내비친다. 그러나 짙은 우수와 환멸의 그림자에도 불구하고 포기를 모르는 시인의 집념과 도전은 끝까지 이어진다.

그러나 완고한 시간 앞에서도,
사랑의 갈증은 끝을 모르고,
난 희끗희끗한 머리로 살금살금
정원 장미밭에 다가가네….

머리가 희끗희끗하지 않던 예전 같으면 장미밭에 온몸으로 뛰어들었을 테지만 이제는 불안과 머뭇거림이 느껴진다. "머언 먼 젊음의 뒤안길에서 / 인제는 돌아와 거울 앞에 선" 성숙하고 성찰적인 자아의 모습이라기보다는 자기 확신이 사라져 주저하는 처연하고 애처로운 모습이다. 그래도 "황금빛 여명은 나의 것!"이라는 힘찬 다짐과 함께 문학적 혁신에 대한 지칠 줄 모르는 열망을 드러내며 시는 끝이 나지만, 다리오의 시적 변화는 이미 되돌릴 수 없는 국면에 접어든다.

감각이 무딘 나무는 행복하다

『삶과 희망의 노래』에 실린 마지막 작품 「숙명Lo fatal」에 이르면 「봄에 부르는 가을 노래」에서 예고된 변화가 한층 깊어져 삶과 죽음에 대한 근원적 질문을 던진다.

감각이 무딘 나무는 행복하다.

아무것도 느끼지 못하니 단단한 돌은 더 행복하다.

살아 있다는 고통보다 더 큰 고통 없고

의식하는 삶보다 더 큰 괴로움 없으리니.

살아 있지만 아무것도 모른 채 정처 없이 헤맨다,

지나간 날들의 공포와 다가올 미래에 대한 두려움…

내일이면 죽어 있으리라는 섬뜩한 공포.

삶 때문에, 어둠 때문에 그리고 우리가

알지 못하고 상상조차 할 수 없는 것 때문에 고통스럽다.

싱싱한 포도송이로 유혹하는 육체,

음산한 나뭇가지 들고 기다리는 무덤.

아, 우리가 어디로 가는지,

또 어디서 왔는지 알지 못하네!…

위 시행들은 실존주의적 면모를 물씬 풍기는 고뇌하는 근대적 자아의 모습을 여과 없이 드러내고 있다. 이 시가 모데르니스모의 완성으로 평가받는 시집의 마지막에 실렸다는 점은 주목을 요한다. 시집에서는 시의 배치도 매우 중요하기 때문이다. 다리오가 좀 더 삶을 이어갔다면, 시대를 앞서간, 그래서 미래의 시 경향을 선취한 「숙명」 같은 경향의 시들을 상당수 남겼을 것으로 예상되는 대목이다. 결국, 다리오의 작품 세계는 모더니티의 산물이면서 동시에 그 균열의 징후를 뚜렷이 보여준다.

백조의 목을 비틀어라?

1911년 멕시코 시인 곤살레스 마르티네스^{Enrique González} Martínez는 「백조의 목을 비틀어라^{Tuércele el cuello al cisne}」라는 아주

의미심장한 제목의 소네트를 발표한다. 백조는 모데르니스모의 대표 상징이니, 백조의 목을 비틀라는 것은 모데르니스모를 죽이라는 말이 아닌가.

샘의 푸르름에 흰 빛을 드리우는
기만적인 깃털을 가진 백조의 목을 비틀어라.
더없이 우아하게 노닐지만, 그러나 사물의
영혼도 풍경의 목소리도 느끼지 못한다.

심오한 삶에 내재한 리듬과 조화하지
못하는 일체의 형식과 일체의 언어에서
달아나라…. 그리고 삶이 너의 경의를
이해할 수 있도록 뜨겁게 삶을 경배하라.

지혜로운 부엉이가 올림포스 산에서
날개를 펼치고, 미네르바의 무릎을 떠나
저 나무에 말없는 비행을 내려놓는 모습을 보라….

백조의 우아함을 지니지 못했지만, 그러나

어둠을 응시하는 불안한 눈동자는 신비로운

밤의 침묵의 책을 해석한다.

이 시에서 백조의 상징 대신 등장한 것은 부엉이다. "미
네르바의 부엉이는 황혼녘에 날아오른다"는 말이 있다. 미
네르바는 로마 신화에 등장하는 지혜의 여신으로 여기서
도 부엉이는 지혜를 뜻한다. 즉 백조로 표상되는 모데르니
스모는 자기만의 세계에 갇혀 삶과 세상을 읽어내는 데 실
패했으니 이제는 달라져야 한다는 것이다. 그래서 세상이
라는 거대한 책을 해석하는 새로운 상징으로 이성적이고
성찰적인 부엉이를 제시하고 있다.

문학사는 이 시에 대해 모데르니스모의 사망 선고인 것
처럼 특별한 의미를 부여하는 경향이 있지만, 사실 앞서
「숙명」이라는 시에서 봤던 것처럼 다리오는 그 세계에 이
미 발을 들여놓았다. 그와 더불어 모데르니스모를 대표하
는 호세 마르티 또한 일찍이 「아카데미카Académica」라는 시
에서 "태곳적 잎사귀들에게서, 그리고 가장자리를 장식한
로마의 / 장미들과 광택 잃은 그리스의 보석에게서 벗어나
자"고 노래한 바 있다. 그래서 엄밀하게 말하자면, 이 시는

다리오를 직접 겨냥한다기보다는 그를 맹목적으로 추종했던 에피고넨들을 향한 질책과 경고의 목소리라고 봐야 할 것이다.

루벤 다리오, 근대 문학의 탄생지

「백조의 목을 비틀어라」가 발표된 1911년, 라틴아메리카 역사에서 커다란 한 획을 그은 것으로 평가되는 멕시코 혁명의 불길이 타오르고 있었다는 사실은 시사하는 바가 크다. 거대한 혁명의 물결은 라틴아메리카의 구체적 현실에 눈을 돌리는 새로운 문학을 요구했던 것이다. 모데르니스모 시기에는 수면 위에 떠 있는 백조의 우아함과 아름다움에 주목했다면, 이제 정치사회적 격변 속에서 시인들은 바야흐로 수면 아래의 세계에 주목하게 된다. 수면 아래에서 처절할 정도로 발버둥치면서도 수면 위에서는 더없이 평화롭고 우아해 보이는 백조의 자태는 사실 얼마나 이중적이고 모순적인가?

모데르니스모에 뒤이어 등장한 흐름은 포스모데르니스모posmodernismo라는 이름으로 불린다. 굳이 영어로 옮기자면 포스트모더니즘postmodernism이 되겠지만 뜻하는 바는 전혀 다르다. 스페인어 접두사 포스pos-는 영어의 포스트post-와 마찬가지로 '후기'와 '탈脫'의 의미를 함께 갖는다. 외적 현실과 아메리카적 삶에 무게 중심이 놓이다 보니 이 시기에는 자연히 시보다는 토착주의 경향의 소설이 우세를 보이게 된다. 그러나 동시에 시의 경향이 인간의 내면세계를 탐색하는 쪽으로 선회하면서 상대적으로 근대화가 빨랐던 라플라타 강 유역을 중심으로 가브리엘라 미스트랄, 알폰시나 스토르니Alfonsina Storni, 후아나 데 이바르부루Juana de Ibarbourou 같은 여성 시인들이 대거 등장하여 새로운 시적 감수성을 표출한 것은 특기할 만한 현상이다. 여성에게 교육의 기회가 확대되고 사회 진출이 활발해진 결과다.

그렇다 하더라도 포스모데르니스모뿐만 아니라 그 이후에 등장한 많은 문학 흐름들은 다리오의 유산에서 결코 자유로울 수 없었다. 그가 지녔던 문제의식과 시적 지향은 끊임없이 재조명되면서 후세의 시인들에게 지대한 영향을 끼쳤던 것이다.

제1차 세계대전 이후 아방가르드의 등장과 함께 시인들은 지나치게 수사적이고 장식적이며 케케묵었다는 이유로 모데르니스모 미학에 등을 돌리기도 했다. 그러나 작가들로 하여금 상아탑에서 내려와 당면한 현실에 대처하게 한 멕시코 혁명이 발발하고 곤살레스 마르티네스가 선언적 소네트를 발표하는 격변의 소용돌이 속에서도 그의 생명력은 꺼지지 않았다. 역설적으로 그는 내면적 성찰과 신세계적 요소, 간결한 표현이 두드러지는 포스모데르니스모, 더 나아가 아방가르드의 정신을 선취했으며, 스타일의 차이에도 불구하고 스페인 시인들인 가르시아 로르카, 살리나스Pedro Salinas, 짐페레Pere Gimferrer를 비롯한 수많은 "메타파의 아이들"을 탄생시켰다.

그 중에서도 뒤에 다루게 될 바예호나 네루다는 다리오의 적자嫡子라 할 수 있다. 두 시인 모두 독자적인 미학을 구축한 위대한 시인들이지만, 그들의 시를 읽다 보면 문득문득 다리오의 시를 더 깊고 넓게 확장시켰다는 느낌을 받게 된다. 1933년 네루다가 부에노스아이레스 주재 영사로 있을 때 뉴욕을 거쳐 이 도시를 방문한 가르시아 로르카와 함께 펜클럽 행사에서 다리오의 시를 교대로 낭송한 역사적인 장면은 세 시인의 관계와 관련하여 많은 것을 말해준다.

이상으로 라틴아메리카 대표 시인 중 먼저 루벤 다리오의 시 세계를 살펴봤다. 라틴아메리카 시를 소개하면서 다리오를 시작점으로 삼은 것은 그의 시가 확실한 근대 문학의 탄생지이기 때문이다. 시기적으로 다리오보다 앞선 시인들은 많지만, 그의 경우처럼 모방의 차원을 넘어 치열한 시적 언어의 탐구와 부단한 자기 혁신을 통해서 새로움을 창조해낸 시인의 예는 찾아보기 어렵다. 물론 쿠바의 국부로 칭송받는 마르티 같은 빼어난 시인들의 존재를 잊을 수 없지만, 누구도 다리오의 압도적 위상에는 미치지 못한다. 그의 시적 모험이 없었다면 현대 라틴아메리카 문학의 영광도 없고 그 지형도도 크게 달라졌을 것이다. 다리오가 떠난 지 한 세기가 넘었지만, 그의 매혹적인 언어는 그가 가장 사랑했던 색처럼 여전히 푸르다.

Q —— A

라틴아메리카 근대시의 출발점이 루벤
다리오인 이유는 무엇인가?

좁은 의미의 근대시는 대체로 샤를 보들레르나
월트 휘트먼과 함께 시작되어 상징주의로 구현되
고 아방가르드에서 정점에 이른 시적 흐름을 가
리킨다. 루벤 다리오가 주창한 모데르니스모 미
학이 프랑스 상징주의와 밀접하게 맞닿아 있다는
점에서 그가 라틴아메리카 근대시의 창시자로 일
컬어지는 것은 당연하다고 할 수 있다.

모데르니스모는 옥타비오 파스가 말하는 근대

적 전통으로서의 단절의 전통에 속하며, 격동의 시기였던 19세기 말 라틴아메리카에서 전개된 총체적인 사회적·문화적 변화, 즉 현실 모더니티가 야기한 정신적·미학적 공백에 대한 문학적 대응이었다. 이전에는 유럽의 주된 문학 흐름을 일정한 시차를 두고 모방하는 것이 보편적인 현상이었다면, 모데르니스모는 새로움에 대한 욕망을 추동하는 물적 토대의 변화를 충실하게 반영하는 가운데 동시대 유럽의 혁신적 경향들을 창조적으로 수용하여 자기발견의 새로운 미학을 구축했다는 점에서 차별화된다. 이렇게 보면, 라틴아메리카 문학의 형성 메커니즘인 문화횡단의 선구적인 사례로 간주할 수도 있겠다.

모데르니스모는 프랑스 상징주의와 고답파의 영향에 힘입은 바 크지만, 라틴아메리카 역사상 대륙적 차원에서 전개된 최초의 문학 운동이라는 점도 의미를 더한다. 따라서 모데르니스모로 통칭되는 근대적 감수성과 세기말의 정신적 위기에 대한 통찰, 다름을 추구하는 시적 혁신은 예외

적인 한 개인이 아니라 전 대륙에 걸쳐 동시다발
적으로 등장했던 폭넓은 작가 집단 공동의 산물
인 셈이지만, 모더니티의 추구에서 그 균열의 양
상에 이르기까지 대단히 입체적인 면모를 보여준
루벤 다리오는 근대성에 대한 인식과 예술성, 혁
신성에서 시대를 앞서간 원조이자 대표 주자로서
절대적 권위와 가치를 지닌다.

　게다가 다리오의 존재는 스페인으로부터 정치
적 독립을 이룬 후에도 지속된 문화적 예속을 벗
어나, "갈레온선의 귀환el retorno de los galeones"이라
는 엔리케스 우레냐Max Henríquez Ureña의 표현처럼,
정복자의 언어로 식민 모국인 스페인의 문단에까
지 강력한 영향력을 행사했다는 점에서 라틴아메
리카의 문화적 독립 선언이라는 상징적 의미까지
부여받는다.

3부_____

"너를 닫을 때
나는 삶을 연다"

잉크보다
피에 가까운 시인,

파블로 네루다

"세상에 움직이지 못하고 빗속에 서 있는 / 기차보다 더 슬픈 게 있을까?"라는 말년의 시구처럼 한곳에 정주하기를 거부하고 삶과 문학을 통해 끊임없이 새로운 변화를 모색했던 역동의 시인 파블로 네루다. "너[책]를 닫을 때 / 나는 삶을 연다"는 시구가 말해주듯이, 그는 현실과 동떨어진 골방에 처박혀 글을 끄적이는 백면서생이 아니라 삶의 한가운데서 인간의 슬픔, 고통, 그리고 절망을 뜨겁게 호흡하고 그 속에서 기쁨과 희망을 길어 올린 광장의 시인이다.

가난한 우편배달부에게
시와 사랑을 가르치다

천생 시인이 선택한 가장 흔한 이름

"시가 내게로 왔다"는 네루다의 시집 『이슬라네그라의 추억Memorial de Isla Negra』에 실린 「시La poesía」의 한 구절이다. 이 시는 영화 〈일 포스티노〉의 엔딩 크레디트가 올라가기 직전 화면에 흘러 관객에게 긴 여운을 남겼으며, '섬진강 시인' 으로 불리는 김용택 시인이 이 제목으로 애송시집을 내서 유명세를 타기도 했다. 그런데 내가 시를 찾아가는 게 아니라 시가 나에게 온다니, 실로 천생 시인의 경지가 아닐 수 없다. 네루다는 사후에 나온 시집까지 합치면 대략 30권 정도의 시집을 출간했는데, 정치도 하고, 많은 여인들과 연애도 하고, 글벗들과 인생도 즐기면서 언제 그렇게 많은 시

파블로 네루다(1904~1973)

를 썼는지 놀라울 따름이다.

가르시아 로르카는 가까운 벗이었던 네루다를 가리켜 "지성보다 고통에 더 가깝고, 잉크보다 피에 더 가까운 시인"이라고 평했고, 정현종 시인은 그의 시에 대해 "언어가 아니라 하나의 생동"이라고 했다. 책을 읽고 머리로 쓰는 시인이 아니라 펄펄 살아 있는 진짜 인간의 고통을 호흡하는, 이성보다는 감성과 본능에 충실한 시인이라는 것이니, 시인에게 이보다 더 큰 찬사는 없을 것이다.

원래 네루다의 본명은 리카르도 엘리에세르 네프탈리 레예스 바소알토Ricardo Eliécer Neftalí Reyes Basoalto라는 대단히 긴 이름이었다. 예나 지금이나 시를 써서 먹고살기는 힘든 것이 현실이다. 당시에도 시인은 가난의 동의어였다. 그래서 자식이 시인이 될까봐 노심초사하는 아버지의 감시의 눈길을 피하기 위해 택한 필명이 바로 파블로 네루다다. 여러 이견이 있지만 필명 네루다는 체코의 시인이자 소설가인 얀 네루다Jan Neruda에게서 따왔다고 하는 견해가 가장 설득력이 있다. 그리고 폴 베를렌을 연상시키는 파블로는 스페인어권에서 가장 흔한 이름의 하나다. 여담이지만, 만약 파블로 네루다라는 필명을 사용하지 않고 그 긴 본명을 내세워 시를 썼다면 오늘 우리에게 훨씬 더 낯선 시인으로 남았을지도 모를 일이다. 친근하고 누구나 부르기 쉬운 이름을 택한 것이 신의 한 수가 아니었을까?

영화 속 네루다, 그리고 사랑과 우정

〈일 포스티노〉는 시란 무엇인가를 이야기할 때 가장 많이 언급되는 영화의 하나다. "야만의 시대를 은유로 맞받아친" 시인의 초상을 그려낸 이 영화는 특히 시인들이 즐겨 인용하는 영화이기도 한데, 그 안에는 은유와 운율 같은 흥미로운 시적 언급이 많이 나온다. 그리고 우리나라에서 네루다의 이름이 비교적 널리 알려진 것은 이 영화에 힘입은 바 크다.

　내용은 이렇다. 상원의원에 당선된 네루다는 집권당과 대통령이 약속을 어기고 노동자를 탄압하자 드레퓌스 사건의 흐름을 바꿔놓은 에밀 졸라의 공개서한을 떠올려주는 '나는 고발한다Yo acuso'라는 제목의 상원 연설을 통해 정부를 비판한다. 그 뒤에 결국 의원직을 박탈당하고 경찰에 쫓기는 몸이 된다. 그리하여 말을 타고 눈 덮인 안데스를 넘어 긴 망명길에 오른 네루다는 이탈리아의 작은 섬에

머물게 되는데, 그때 그곳에서 펼쳐지는 이야기가 영화의 주된 내용이다. 사실과 허구가 뒤섞인 이 영화는 칠레 작가 안토니오 스카르메타Antonio Skármeta의 소설『불타는 인내 Ardiente paciencia』가 원작이다. 랭보의 시구 "여명이 밝아올 때, 불타는 인내로 무장하고 찬란한 도시로 입성하리라"에서 따온 이 근사한 제목은 1994년 개봉된 마이클 래드퍼드 감독의 영화가 상업적으로 성공하면서 씁쓸하게도『네루다의 우편배달부』라는 밋밋한 제목으로 둔갑하고 만다.

네루다가 머문 섬에는 마리오라는 가난한 백수 청년이 늙은 아버지와 살고 있었는데, 그는 시인을 위한 임시 우편배달부로 채용된다. 네루다에게는 세계 각지에서, 특히 여성 독자들로부터 편지가 답지해서 전담 우편배달부가 필요했던 것이다. 일을 하게 된 청년은 네루다와 교감하면서 시와 우정, 세상에 대한 이해를 넓혀간다. 그리고 베아트리체라는 여인과 사랑에 빠진 청년은 마침내 시를 쓰기에 이른다. 차츰 문학의 세계로 빠져들어 시인으로 거듭나는 청년의 변화가 참 아름답다.

영화의 마지막에서 군중집회에 초대받은 노동자 시인 마리오는 네루다에게 바쳐진 시를 낭송하기 위해 연단으로 나가다 시위진압대가 난입하는 아수라장 속에서 최후를 맞는다. 그리고 앞서 언급한 「시」의 첫 연이, 이어서 "우리의 친구 마시모에게 바친다"라는 헌정 자막이 흐른다. 병든 몸으로 우편배달부 역을 맡아 열연을 펼쳤지만 끝내 개봉을 보지 못하고 이 영화를 죽음과 맞바꾼 이탈리아 국민배우 마시모 트로이시의 사연이 겹쳐지면서 감동은 배가된다. 〈시네마 천국〉에서 시골 극장의 영사 기사 알프레도로 분해 유명해진 프랑스 배우 필립 느와레가 네루다 역을 맡았다.

영화 도입부에 등장하는 이탈리아판 '대한늬우스'에는 수많은 여성 독자가 네루다의 사랑의 시에 열광하는 것으로 나오는데, 사실 그의 작품 전체를 놓고 보면 전통적인 사랑의 시는 비중이 그리 크지 않다. 그래서인지 공산주의자 망명 시인이면서 여성들 사이에서 폭발적인 인기를 누리는 사랑의 시인이라는 설정이 조금은 불편하게 느껴지기도 한다. 물론 사랑의 대상을 여인에서 자연, 민중, 라틴 아메리카, 소박한 사물 등으로 끝없이 확장해간 그의 시 전체는 한 편의 긴 사랑의 시로 읽힐 수도 있겠다.

그리고 한 가지 흥미로운 점은 영화에서 네루다와 함께

로마 국제공항 비행기 트랩을 내려서는 여성은 훗날 세 번째 부인이 되는 마틸데로 당시에는 네루다와 불륜 관계였다는 사실이다. 네루다는 그 즈음 나폴리에서 『대장의 노래Los versos del capitán』라는 시집을 실명이 아닌 익명으로 출간했는데, 세월이 흐른 뒤에 그는 부인 델리아 델 카릴Delia del Carril에게 상처를 주지 않기 위해서였다고 그 이유를 밝혔다. 그 시집은 온전히 마틸데에게 바쳐졌던 것이다.

한편, 황지우 시인은 영화 〈일 포스티노〉에 대해 같은 제목의 시를 남겼다. 1998년 출간된 『어느 날 나는 흐린 주점酒店에 앉아 있을 거다』에 실려 있는 이 시는 화자의 심상이 영화의 분위기와 잘 어우러져 영화를 보고 나서 읽기에 제격이다.

자전거 밀고 바깥소식 가져와서는 이마를 닦는 너,

이런 허름한 헤르메스 봤나

이 섬의 아름다움에 대해 말해보라니까는

저 사랑하는 사람의 이름으로 답한 너,

내가 그 섬을 떠나 너를 까마득하게 잊어먹었을 때

너는 밤하늘에 마이크를 대고

별을 녹음했지

胎動(태동)하는 너의 사랑을 별에게 전하고 싶었던가,

네가 그 섬을 아예 떠나버린 것은

영화 속 장면들을 환기시키는 위 시행들에서 화자인 '나'는 네루다로 추정되고, '너'는 우편배달부 마리오다. 그리고 네가 아예 섬을 떠났다는 것은 우편배달부의 비극적인 죽음을 말하는 것이다. 그런데 시 후반부에서 화자는 돌연 서울의 한 극장에서 타인의 처지를 공감하는 관객으로 바뀐다.

그대가 번호 매긴 이 섬의 아름다운 것들, 맨 끝 번호에

그대 아버지의 슬픈 바다가 롱 숏, 롱 테이크되고;

캐스팅 크레디트가 다 올라갈 때까지

나는 머리를 박고 의자에 앉아 있었다

어떤 회한에 대해 나도 가해자가 아닌가 하는 생각 땜에

영화관을 나와서도 갈 데 없는 길을 한참 걸었다

세상에서 가장 쓸쓸한 휘파람 불며

新村驛(신촌역)을 떠난 기차는 문산으로 가고

나도 한 바닷가에 오래오래 서 있고 싶었다

2002년 개봉한 국내 영화 〈연애소설〉에는 주인공들이 함께 극장에서 〈일 포스티노〉를 보는 장면이 있다. 영화 속 〈일 포스티노〉 대사는 이렇다. 마리오가 네루다에게 "저 어쩌면 좋아요. 그냥 사랑에 빠지고 말았어요"라고 속마음을 털어놓자, 시인은 "별거 아니네"라고 시큰둥하게 대꾸한다. 그랬더니 우편배달부가 "아니에요. 사랑에 빠져서 몸이 너무 아파요. 그런데 계속 아프고 싶어요"라고 덧붙인다. 그 장면을 보고 난 주인공들이 이후 똑같은 대사로 사랑을 고백하는 장면이 나온다. 아무튼 〈일 포스티노〉는 오랜 세월이 흘렀어도 시와 사랑, 그리고 우정에 대해 많은 이야깃거리를 제공하는 영화임에 틀림없다.

네루다를 다룬 영화로는 〈일 포스티노〉 외에 2016년 개봉된 파블로 라라인 감독의 〈네루다〉가 있다. 네루다가 도피 생활을 하던 시절, 그를 체포하기 위해 뒤를 쫓는 한 비밀경찰의 눈으로 시인의 삶을 조명한 추적심리드라마인데, 지나치게 신화화된 모습이 아닌 '살과 뼈를 가진' 시인의 사실적인 면모를 독창적으로 그려내고 있다.

매몰된 칠레 광부들에게 희망을 준 시

네루다는 독자들로부터 많은 사랑을 받은 시인이다. 또한 넉넉지 않은 집안에서 태어났지만 그래도 다른 시인들에 비하면 노벨상을 수상하고 살아생전 세 채의 집을 보유할 정도로 부와 명예를 모두 거머쥔 아주 예외적인 경우라고 하겠다.

몇 해 전에 칠레 산티아고의 어느 거리에서 "당신들은 세상의 꽃을 모두 꺾을 수 있다. 그러나 봄이 오는 것을 막을 수는 없다"고 적힌 팻말을 들고 구걸 퍼포먼스를 한 사람이 주목받은 적이 있는데, 그가 들고 있던 게 바로 네루다의 시였다. 서울의 거리라면 어느 시인의 어떤 시를 들고 있을지 무척 궁금하다.

이는 불의에 저항했던 네루다의 삶과 그의 문학적 행보를 압축해서 보여주는 구절이라고 할 수 있는데, 과문한 탓인지 모르겠으나 라틴아메리카의 거리, 빈민가의 담벼락, 정의와 평화를 외치는 투쟁의 현장에서 쉽게 찾아볼 수 있는 이 구절의 출처가 분명치 않다. 그래서 이 글귀는 실제로 네루다의 시가 아니라 칠레 국민이나 그의 추종자들이 만들어낸 가상의 작품이 아닐까 하는 생각도 든다. 그만큼 네루다가 대중들 사이에서 널리 읽히고 사랑받는다는 것을 잘 보여주는 사례라 하겠다.

네루다의 대중적 인기를 실감나게 하는 또 다른 사례도 있다. 2010년 8월 칠레 산호세 광산이 붕괴돼서 지하 700미터에 광부 서른세 명이 매몰되는 대형 사고가 발생한다. 그리고 69일 만에 기적적으로 전원이 생환하는데, 당시 대통령이었던 세바스티안 피녜라는 "칠레 국보는 구리가 아니라 광부"라고 정치적인 수사를 늘어놓기도 했다.

그런데 우리에게 잘 알려지지 않은 놀라운 사실이 하나 있는데, 당시 지하에 매몰된 광부들이 죽음의 그림자를 걷어내고 삶에 대한 희망의 끈을 놓지 않기 위해 네루다의 시를 돌려 읽었다는 것이다. 그만큼 네루다가 칠레인들의 일상에까지 깊이 뿌리 내리고 있다는 것을 잘 보여주는 일화다. 실제로 그의 시는 평범한 사람들에 의해 즐겨 암송되고 노래로 불리며, 대중 영화에도 등장한다. 그런가 하면 『모두의 노래Canto general』의 시편들은 그리스 민주화 운동의 상

징인 작곡가 테오도라키스Mikis Theodorakis에 의해 웅장한 오라
토리오 형식의 음반으로 다시 태어나기도 했다.

그러면 매몰 광부들은 절체절명의 위급 상황에서 어떤
시를 읽었을까. 광부를 비롯한 소박한 민중들을 위한 시 쓰
기를 천명하고 있는 「커다란 기쁨La gran alegría」을 보자.

나는 쓴다, 물과 달을, 변치 않는 질서의

요소들을, 학교를, 빵과 포도주를,

기타와 연장을 필요로 하는 소박한 이들을 위해 쓴다.

나는 민중을 위해 쓴다, 설령 그들의

투박한 눈이 나의 시를 읽을 수 없을지라도.

언젠가 내 시의 한 구절이, 내 삶을 휘저었던 대기가,

그들의 귓가에 닿을 날이 오리라,

그러면 농부들은 눈을 들 것이다,

광부는 웃음 띤 얼굴로 바위를 깨고,

제동수制動手는 이마의 땀을 닦고,

어부는 팔딱거리며 그의 손을 불태우는 물고기의

반짝거림을 더욱 선명하게 보게 될 테고,

갓 씻은 깨끗한 몸에 비누 향기 가득한

기계공은 나의 시를 바라볼 것이다.

그리고 아마도 그들은 말할 것이다, '그는 동지였다'고.

그것으로 충분하며, 그것이 내가 바라는 월계관이다.

칠레 민중들에 대한 따뜻한 애정을 담고 있는 이 시는 분명 어두운 갱도에 갇힌 광부들에게 삶의 의지를 일깨워 줬을 것이다. 실제로 네루다는 상원의원직도 칠레 북부의 광산 지대에서 당선되어 얻었기에 광부들에 대한 애착이 남달랐다.

이러한 대중적 인기를 넘어 네루다는 동료 작가들이나 평단으로부터도 높은 평가를 받아왔다. 스페인 내전 때 파시스트들에게 탄압받고 오랫동안 망명생활을 했던 스페인 27세대 시인 라파엘 알베르티Rafael Alberti는 이렇게 말했다.

아메리카 대륙의 시는 북쪽의 월트 휘트먼과 남쪽의 파블로 네루다로 양분된다.

또한 가르시아 마르케스도 네루다 탄생 100주년에 즈음하여 "모든 언어를 통틀어 20세기의 가장 위대한 시인"이라고 격찬한 바 있다. 그리고 "우리 세기 서구의 어떤 시인도 파블로 네루다와 견줄 수 없다"고 말하는 미국의 문학평론가 헤럴드 블룸Harold Bloom은 『서구의 정전들The Western Canon』에서 보르헤스와 함께 그를 서구의 가장 고전적인 작가의 한 사람으로 꼽고 있다.

분명 나라마다 언어권마다 독자의 사랑을 한 몸에 받고 연구자들을 먹여 살리는 대표 작가들이 있기 마련이다. 가령 독일에는 괴테가 있고, 영국에는 셰익스피어, 이탈리아에는 단테, 러시아에는 톨스토이와 도스토옙스키가 있다. 스페인에서는 세르반테스가 독보적이고, 라틴아메리카에서는 보르헤스, 가르시아 마르케스와 더불어 네루다를 첫손가락에 꼽을 수 있겠다.

굴곡 많은 칠레 현대사의 산증인

정치인으로서 네루다는 1970년 선거에서 칠레 공산당에 의해 대통령 예비 후보로 추대되지만, 살바도르 아옌데가 인민연합의 대표가 되도록 후보직을 사퇴하고 선거 과정에서 지원을 아끼지 않는다. 사실 네루다는 연설 실력이 변변치 않았지만 유세를 할 때 그저 청중 앞에서 시 한 편을 읽어도 환호가 쏟아졌다. 얼마나 단순하고 시인다운 방식인가. 이런 과정을 거쳐 1970년 9월 4일 역사상 처음으로 칠레에서 민주적 선거를 통해 사회주의 정부가 탄생한다.

하지만 큰 기대와 우려 속에 출범한 아옌데 정부는 '천일의 노래'라고 이야기되듯 3년 남짓 유지되다가 1973년 9월 11일 미국의 지원을 등에 업은 피노체트의 군사 쿠데타로 붕괴된다. 화염 속에서도 끝까지 대통령궁을 사수하던 아옌데는 마지막 대국민 연설에서 "칠레 만세! 민중 만세! 노동자 만세!"를 외치며 장렬한 최후를 맞는다. 우리는 9·11 하면 2001년 뉴욕 테러 사건을 떠올리지만 칠레인들은 아옌데 정부의 붕괴를 먼저 떠올리고, 그래서 두 번의 9·11이라고도 한다. 이로써 칠레 현대사는 오랜 어둠의 질곡으로 빠져들며, 그 역사의 현장에 네루다가 있었다.

네루다는 쿠데타가 발발하고 며칠 지나지 않은 9월 23일 사망한다. 공식적으로는 지병인 전립선암이 악화돼 사망한 것으로 알려졌으나, 그의 죽음과 관련된 이슈들은 아직도 진행 중이다. 개인 비서였던 마누엘 아라야는 음모론을 제기했는데 네루다에게 정치적 부담을 느낀 쿠데타 세력이 의사를 사주해서 독살을 했다는 것이다. 왜냐하면 네루다가 멕시코로 망명하려던 참에 일어난 갑작스런 죽음이었기 때문이다.

음모론은 설득력을 얻었고, 결국 칠레 정부는 사인 규명을 위해 이슬라네그라에 있는 네루다의 유해를 발굴하기에 이른다. 국제법의학자들이 오랜 기간 조사했지만, 2014년 독살의 증거는 찾을 수 없다는 잠정적인 결론을 내리게 된다. 하지만 이후에도 유족들과 지지자들이 지속적으로 문제를 제기해서 2015년 추가 조사가 이루어지는 등 아직도 의문은 걷히지 않고 있다. 죽은 지 45년이 넘는 긴 세월이 흘렀음에도 네루다는 여전히 칠레 현대사를 움직이는 살아 있는 정치인이자 시인으로 남아 있는 것이다.

다음 사진은 피노체트의 쿠데타로 대통령 관저인 모네다궁이 폭격당하는 모습이다. 엘비오 소토 감독이 영화 〈산티아고에 비가 내린다Il pleut sur Santiago〉에서 당시의 긴박한 정치 상황을 현실감 있게 그려내기도 했다.

다큐멘터리 형식을 차용한 영화의 마지막 부분에는 시민들이 군인들의 삼엄한 경비 속에서 동지 네루다, 동지 빅

1973년 9월 11일 폭격당하는 모네다궁 ©Biblioteca del Congreso Nacional

토르 하라Víctor Jara를 연호하고 인터내셔널가를 부르는 네루다의 장례식 장면이 나온다. 쿠데타 세력의 입장에서 보면 진짜 '빨갱이' 영화인 셈이다. 그런데 놀랍게도 이 영화는 1988년 노태우 정부 시절 KBS 명작 영화로 전파를 탔다. 텔레비전으로 영화를 보면서 어안이 벙벙했던 기억이 생생하다.

실은 쿠데타 암호였지만 다분히 시적이고 낭만적인 영화 제목과 아스토르 피아졸라의 배경 음악에 끌려 치밀한 내용 검토 없이 방영된 것일까. 아니면, 쿠데타 세력에 맞서 모네다궁을 사수하다 최후를 맞은 "프로메테우스적" 대통령 아옌데를 사회주의자에서 민주주의자로 둔갑시켜 6·29민주화선언이 발표된 당시의 정치 상황과 오버랩시키려는 얄팍한 술수였을까. 아니면, 혁명이나 사회 변혁을 꾀하다가는 철퇴를 맞을 것이라는 시대착오적인 경고의 메시지를 전하고 싶었던 걸까. 그도 아니면, 당시 방송계에도 불기 시작한 민주화 바람의 산물이었을까. 아직도 아리송하다. 아무튼 네루다의 장례식은 쿠데타 이후 발생한 최초의 군중집회로서 세계인들에게 그의 격정의 삶을 다시 한 번 각인시켜주었다.

피노체트의 독재가 종식되고 민주 정권이 새로 들어설 때마다 대통령과 시민들은 네루다를 소환하고 그의 이름을 연호했다. 그래서 네루다는 아옌데와 피노체트를 거치면서 '두 개의 집'으로 분열된 칠레의 국가 통합의 상징으로까지 의미를 부여받게 된다.

하지만 그처럼 거물급 인사였던 네루다도 대다수 라틴 아메리카 작가들이 느끼는 고립감과 소외의식으로부터 자유롭지는 못했으니, 1971년 노벨상 수상 연설에서 그는 이렇게 말했다. "나는 지리적으로 다른 나라들과 동떨어진 어느 한 나라의 이름 없는 변방에서 왔습니다. 그동안 시인들 가운데서 가장 소외된 시인이었으며 지역의 한계에 갇힌 나의 시 안에서는 늘 고통의 비가 내렸습니다."

일종의 겸양이나 지나친 엄살로 느껴질 수도 있다. 1971년이면 네루다가 정치적 박해 속에서 투사 시인으로 국제적 명성을 얻은 지 20년 이상 흐른 시점이니 말이다. 하지만 라틴아메리카 작가들에게는 뭔가 숙명과도 같은 변방의식이 있었고 네루다도 이를 완전히 떨치지 못했다는 것 또한 사실이다.

리얼리즘 너머의 리얼리스트

네루다는 많은 사람들로부터 큰 사랑을 받고 널리 인정받은 시인이었으면서도 동시에 외교적인 용어로 페르소나 논 그라타Persona Non Grata, 즉 달갑지 않은 인물이기도 했다. 단순한 시인의 차원을 넘어 냉전과 권위주의의 한복판에서 현실 정치와 밀착된 삶을 살았다는 데서 그 이유를 찾을 수 있을 것이다. 실제로 네루다는 1953년 스탈린 평화상을 받고 1971년에는 노벨 문학상을 수상함으로써 사회주의와 자유주의 진영 모두에서 동시에 찬양되고 비판받았다.

네루다가 이데올로기적으로 가장 많은 비판을 받은 지점은 이오시프 스탈린에 대한 맹신이었다. 그는 남들이 모두 스탈린을 비판하던 시점까지도 그에 대한 믿음을 꺾지 않았다. 보르헤스조차 네루다를 위대한 시인으로 평가하면서도 스탈린에 대한 애착을 조롱했을 정도다. 이런 이유로 네루다는 스탈린과의 권력 투쟁에서 패배한 레온 트로츠키가 멕시코에서 암살당했을 때 미 중앙정보부에 의해 배후로 지목되기도 했다.

1953년 스탈린이 사망하자 네루다는 아래와 같이 썼다. 이것이 솔직한 심정이었을지 모르지만, 이 진술로 인해 그는 훗날 숱한 비판의 표적이 된다.

단순한 사람들 중에 가장 위대한 사람, 우리의 교사가 세상을 떠났다. 그가 떠나는 순간, 우리의 지식과 지성, 영광과 고통으로 가득한 우리 시대의 문화 위로 태풍이 몰아친다.

특유의 고집 때문이었는지는 모르겠으나, 당시에는 라틴아메리카의 많은 진보적 지식인이나 작가들이 스탈린 추종자였기 때문에 오늘날의 관점으로 매도하기에는 곤란한 측면이 있다. 네루다는 스탈린 격하 운동이 일어나고도 많은 세월이 흐르고 나서야 비로소 자신이 그때는 보고 싶은 것만 봤다며 때늦은 후회의 심경을 밝힌다.

1960년 아바나에서 쿠바 혁명을 기리는 시집『무훈의 노래Canción de gesta』를 출간하지만 재판도 찍지 못했고, 쿠바 정부로부터 감사의 말조차 제대로 듣지 못한 것도 네루다의 이러한 정치적 행보와 무관하지 않다. 그는 자타가 공인하는 스탈린주의자로서 카스트로의 혁명 노선과는 어느 정도 거리가 있었고, 그래서 쿠바 정부로서는 달갑지 않은 존재였던 것이다. 언급한 시집에서 네루다가 카스트로에 대한 개인숭배 가능성을 에둘러 경고한 것도 쿠바와의 불편한 관계에 분명 영향을 주었을 것이다.

1966년 네루다가 뉴욕에서 열린 국제 펜클럽 총회에 참석한 것을 두고 백여 명의 쿠바 지식인들이 공개서한을 발표하여 네루다를 천민자본주의와 결탁한 배신자로 낙인찍은 것은 불화의 정점이었다. "라틴아메리카 문화사에서 가장 불행한 문건"으로까지 이야기되는 이 서한은 네루다의 마음에 깊은 상처를 남겼다. 쿠바 시인 니콜라스 기엔Nicolás Guillén이 이 문건에 서명한 일로 크게 앙심을 품은 네루다는 훗날 회고록에서 성이 같은 27세대 시인 호르헤 기옌을 "선한 기옌, 스페인의 기옌"으로 부름으로써 불편한 심기를 드러내기도 했다.

네루다의 시에 대해서도 일반 독자, 비평가를 막론하고 이데올로기적 입장에 따라 대표작도 갈리고 비판 지점도 달라지는 것을 볼 수 있는데, 그것은 전체가 아닌 한 면만을 집중적으로 부각시켜 본질적 가치를 훼손하는 심각한 오독이 아닐 수 없다. 네루다는 스탈린주의자였지만 한순간도 미적 자율성과 창조적 상상력을 포기하지 않은 자유로운 예술혼의 소유자였다. 물론 라틴아메리카의 대서사시『모두의 노래』나 사회주의권 여행 시집『포도와 바람Las uvas y el viento』의 경우 논란이 되기도 하지만, 그는 당시 소련의 창작 원칙이었던 사회주의 리얼리즘에 크게 경도되지 않았다. 다음 진술에서 그와 같은 면모를 확인할 수 있다.

나는 오랜 세월이 흐른 뒤에야 비로소 내가 시를 쓰고 있으며 내가 쓰고 있는 것이 시라고 불린다는 것을 알게 되었다. 시에 대한 정의나 꼬리표에는 전혀 관심을 가져본 적이 없다. 미학에 관한 논쟁이라면 넌더리가 난다. 미학을 주장하는 사람들을 깔보

는 게 아니라 내 자신이 문학 작품의 탄생 배경이나 사후 평가에
는 문외한이라고 느낀다.

일체의 교조주의를 거부하는 네루다의 유연한 태도는
리얼리즘에 대한 관점에서도 그대로 드러난다.

리얼리스트가 아닌 시인은 죽은 시인이다. 그러나 시종일관
리얼리스트이기만 한 시인 역시 죽은 시인이다. 비이성적이기만
한 시인은 자신과 애인에게만 이해될 수 있는데 이는 퍽 슬픈 일
이다. 이성적이기만 한 시인은 당나귀조차 이해할 수 있는데, 이
또한 대단히 슬픈 일이다.

상징주의와 초현실주의를 거쳐 스페인 내전 이후 리얼
리즘으로 향했지만, 네루다는 언제나 리얼리즘 그 너머를
꿈꾼 리얼리스트였고, 그의 시는 순수시와 참여시, 초현실
주의와 리얼리즘, 그리고 시와 정치, 역사와 신화, 자기애
와 이타주의 등 일체의 이분법을 뛰어넘는 유기적 복합성
과 광대무변의 상상력을 펼쳐 보인다.

"오늘 밤 나는 가장
슬픈 시를 쓸 수 있다"

전 세계에서 가장 사랑받은 라틴아메리카의 시

파블로 네루다의 삶과 문학에서 여성의 존재는 특별한 위치와 의미를 갖는다. 말년까지 이어진 여성 편력으로 유명한 그는 10대 때 쓴 「작별^{Farewell}」에서 이렇게 노래했다.

나는 입 맞추고 떠나가는
뱃사람의 사랑이 좋다.

그들은 약속을 남기고
다시는 돌아오지 않는다.

항구마다 여인이 기다리고

뱃사람은 입 맞추고 떠나간다.

순박한 사춘기 소년이 썼을 것이라고는 상상하기 힘든 내용이다. 이미 10대 때부터 바람기 가득한 여성 편력의 긴 여정을 암시하는 듯하다. 영화로도 제작된 메르시어 Pascal Mercier의 소설 『리스본행 야간열차』를 보면 이런 말이 나온다. "꼭 요란한 사건만이 인생의 방향을 바꾸는 결정적인 순간이 되는 것은 아니다." 네루다에게 딱 맞는 말인 듯싶다. 여인들과의 우연한 혹은 운명적인 만남은 단순한 시적 영감의 원천에 그치지 않고 시인의 문학 여정에서 결정적인 전기를 마련하곤 했던 것이다.

1924년 출간된 『스무 편의 사랑의 시와 한 편의 절망의 노래Veinte poemas de amor y una canción desesperada』는 네루다 초기 시의 전형적인 풍경을 보여주는 시집으로, 사춘기의 열정과 고향의 자연을 절묘하게 연결지어 노래하고 있는데, 이때는 아직 낭만주의와 루벤 다리오의 영향이 짙게 남아 있다.

그래서 문학사적으로는 시대의 흐름을 앞서가지 못했고 『지상의 거처Residencia en la tierra』나 『모두의 노래』에 견줄 만한 대표작으로 꼽히지도 않지만, 이 시집은 공교롭게도 시인의 출세작이 된다. 공전의 히트를 쳐서 1961년까지 스페인어판으로만 백만 부 이상이 판매되었다고 하니, 당시 라틴아메리카의 높은 문맹률을 고려하면 그 기세가 실로 엄청났던 것이다. 실제로 라틴아메리카 시를 통틀어 전 세계적으로 가장 사랑받고 가장 널리 알려진 시집이라 해도 전혀 지나치지 않다. 심지어 젊은 연인들에게 인기 있는 밸런타인데이 선물 목록에 포함되기도 한다.

사실 이 시집의 시편들은 사춘기 시절의 꿈과 사랑, 상처와 이별, 절망 등을 토로하는 내용을 담고 있어 언뜻 보면 통속적인 유행가 가사를 연상시키기도 한다. 그런데 왜 이 시집이 폭넓은 독자를 확보하며 네루다의 출세작이 됐을까?

네루다 이전의 시인들은 대체로 사랑을 지극히 관념적으로 노래했다. 다리오도 예외가 아니어서 흔히 여성을 이상화된 추상적인 대상으로 노래한 반면, 네루다의 사랑은 관념성을 벗어난 보통사람 눈높이의 사랑이었다. 육체적인 사랑과 정신적인 사랑을 절묘하게 결합함으로써 훨씬 더 독자들의 마음에 가 닿은 것이다. 김남주 시인은 네루다의 이러한 면모에 대해 "사랑마저도 […] 물질적이다 전투적이다 유물론적이다"라고 노래한 바 있다.

그렇다 보니 도발적인 이미지와 에로티시즘, 고백적 친밀감 등으로 인해 이 시집은 선정성 논란에 휩싸이기도 했다. 애초에 라틴아메리카 내에서도 유독 보수적인 가톨릭 전통이 강한 칠레 사회에서 당시 스무 살밖에 안 된 풋내기 시인이 이 시집의 초판 500부를 내는 데는 당연히 우여곡절이 많았다고 한다.

"봄이 벚나무와 하는 행위를 너와 하고 싶다"

『스무 편의 사랑의 시와 한 편의 절망의 노래』에 수록된 열네 번째 시에는 눈이 번쩍 뜨일 만한 이런 구절이 있다.

난 봄이 벚나무와 하는 행위를
너와 하고 싶다

이 하나의 문장에는 시인이 어린 시절을 보낸 테무코의 자연 속에서 벼려진 문학적 감수성과 인간과 우주의 에로스적 친화에 바탕을 둔 상상력이 농밀하게 응축되어 있다.

얼핏 선정적으로 느껴지지만, 기본적으로 비유를 자연에서 찾고 있기 때문에 시를 읽다 보면 그런 느낌은 점차 사라진다. 시인의 말대로, 『스무 편의 사랑의 시와 한 편의 절망의 노래』는 사랑과 절망의 노래인 동시에 "칠레 남부의 물과 나무의 파노라마"이며 "남부의 모든 별들을 향해 열려" 있는 시다. 다시 말해 인간 존재의 근원, 우주의 신비와 경이를 한껍에 그러안으려는 의지의 산물이다. 그래서 "자신과의 힘겨운 싸움"의 결과인 이 고통스러운 시집에는 날카로운 우수에도 불구하고 기억과 향기 가득한 존재의 즐거움이 있는 것이다.

그렇다면 위에 인용된 시행에서 '너'는 누구일지 궁금해진다. 네루다의 첫사랑들 중 그의 작품에 가장 많은 영감을 준 뮤즈는 알베르티나 로사 아소카르Albertina Rosa Azócar라는 여성이다. 프랑스어 교사가 되겠다고 산티아고로 유학을 간 네루다는 원래 목적인 공부는 뒷전이었고 문학 지망생들과 어울리며 보헤미안처럼 지냈는데, 알베르티나 로사는 그 시절의 연인으로, 『스무 편의 사랑의 시와 한 편의 절망의 노래』에 수록된 시는 대부분 회색 베레모를 쓴 도회적 분위기의 이 여인과 고향 테무코에 두고 온 또 다른 여인

테레사 바스케스^{Teresa Vázquez}에게 바쳐졌다. 시인은 훗날 이 시집의 뮤즈는 테무코의 연인 '마리솔^{Marisol}'과 산티아고의 새로운 연인 '마리솜브라^{Marisombra}'라고 재치 있게 둘러댔지만, 실제로는 사춘기 시절 사랑했던 많은 연인들의 이미지가 겹쳐지거나 포개져서 새로운 여인의 이미지를 빚어내고 있다.

네루다는 이후 오랜 세월이 지나도록 알베르티나 로사에 대한 연모의 마음을 거두지 못해, 극동에서 외교관 생활을 하던 시절에도 끊임없이 사랑을 갈구하는 편지를 보낸다. 그런데 네루다가 사망하고 얼마 지나지 않아 그 편지들이 『파블로 네루다의 연애편지^{Cartas de amor de Pablo Neruda}』라는 책으로 묶여 세간에 공개된다. 훗날 출간하기 위해 편지를 모아두었다기보다는 젊은 날의 추억으로 간직하고 있었을 가능성이 크다. 읽어보면 세련된 사랑꾼과는 거리가 먼, 사랑 앞에 한없이 칭얼대는 찌질한 시인의 모습을 엿볼 수 있으니 말이다. 왜 답장이 없는지 추궁하듯 캐묻는가 하면, 청혼을 받아주지 않으면 아무하고나 결혼하겠다고 으름장을 놓는 등 공개하기 민망한 유치한 표현이 즐비하다. 알베르티나 로사는 거의 10년 동안 지속된 시인과의 관계를

1989년 눈을 감을 때까지 비밀에 부쳤는데, 운명의 장난인지 그녀는 네루다의 가까운 동료 시인 앙헬 크루차가$^{Ángel Cruchaga}$와 결혼했다.

『스무 편의 사랑의 시와 한 편의 절망의 노래』에서 가장 널리 알려지고 가장 많이 낭송되는 시의 하나인 스무 번째 사랑의 시를 보자. 채 스무 살이 안 된 청년이 썼다고는 믿을 수 없을 정도의 심상찮은 사랑의 감상이 느껴진다.

오늘 밤 나는 가장 슬픈 시를 쓸 수 있다.

이를테면, "별이 총총한 밤, 멀리서 별들이,
파랗게, 떨고 있다."

밤바람은 하늘을 휘돌며 노래한다.

오늘 밤 나는 가장 슬픈 시를 쓸 수 있다.
나는 그녀를 사랑했고, 때로는 그녀도 나를 사랑했다. (…)

칠레 남부 출신인 네루다는 목소리가 가늘고 느릿느릿

했다. 그래서 친구들로부터 발음이 너무 촌스럽다고 놀림을 받기도 했는데, 대학생 시절 시 콩쿠르에서 일등상을 수상해 대중 앞에서 낭송을 해야 했을 때 웃음거리가 될까봐 동료가 대신 읽어주었을 정도였다. 하지만 "아주 오랫동안 빗소리를 들으며 살아온 남부 출신 특유의 단조로운" 목소리로 정치도 하고 대통령 선거 유세도 했으며, 세계 각지에서 가진 수많은 낭송회에서 청중들의 뜨거운 박수갈채를 이끌어냈다니, 그만의 진정성과 호소력이 귀에 거슬리는 목소리 톤마저 극복했던 듯싶다. 처음에는 소심한 성격 탓에 대중 강연에 무척 서툴렀지만 결국에는 도저한 사유와 지성의 깊이로 명 강연자의 경지에 이른 보르헤스의 모습이 오버랩된다.

25년 전 유학 시절 수업 시간에 카세트에서 흘러나오는 네루다의 육성을 처음 들었다. 모두들 지그시 눈을 감고 숨을 죽인 가운데 잔잔히 울려퍼지던 열다섯 번째 사랑의 시. "메 구스타스 쿠안도 카야스…." 난 말 없을 때의 네가 좋다…. 잠든 영혼을 깨우는 시인의 느릿하고 빛나던 목소리. 시인의 바람대로 그 순간 단어 하나하나는 빛을 발하고 있었다. 사랑하는 사람의 부재와 이별의 정한을 노래하는 역설의 언어가 흐르는 동안 온몸에 전율이 느껴졌다. 지금도 이 시를 읽을 때면 그때의 감동이 오롯이 되살아온다.

극동의 네루다, '버마의 표범'을 만나다

자유로운 영혼으로 보헤미안적인 삶을 살다가 대학을 졸업한 네루다는 당장 생계 걱정을 해야 할 처지에 놓인다. 『스무 편의 사랑의 시와 한 편의 절망의 노래』가 누린 인기도 시인의 배고픔과 불안정한 삶을 해결하지는 못했다. 지인이 외교장관과의 면담을 주선해준 덕에 우연찮게 극동의 버마 랭군에 명예 영사로 파견된다. 간간이 칠레를 오가며 차를 실어 나르는 선박의 통관 서류에 도장을 찍어주는 일을 빼면 딱히 업무도 없는, 허울뿐인 자리였고, 언어도 통하지 않는 그곳에서 시인은 절대 고독의 시기를 보내게 된다. 현지에서 교류할 수 있는 지식인이라고는 고작 영국 식민주의자들뿐이었는데, 그들에게는 심한 증오감이 있었기에 세상과 단절된 유폐된 삶을 살게 된 것이다.

그리하여 네루다에게 주어진 선택지는 글쓰기에 전념하거나 아니면 성적 쾌락에 몸을 내던지는 게 거의 전부였다. 그러나 시간적 여유가 많았음에도 그는 이 시기에 작품을 거의 쓰지 못한다. 또한 사랑하는 사람의 부재로 인한 상실감이 세계의 상실과 파괴에 대한 직관으로 확대되면서 우울한 죽음의 그림자가 이 시기의 시들을 가득 채우게 된다.

언젠가 한 청년이 나무 아래서 그 시기에 쓰인 시들이 실린 『지상의 거처』를 읽다가 자살한 일이 있고 나서 네루다는 지독한 회의주의와 고뇌에 찌든 그 시들은 삶이 아니라 죽음으로 이끄니 젊은이들에게 읽혀서는 안 된다며 후회의 심경을 밝히기도 했다. 그러나 아이러니하게도 자신 속으로 깊이깊이 파고든 존재론적 불안으로 가득한 이 시집은 오늘날 네루다의 가장 뛰어난 작품 중의 하나로 인정받고 있다.

이 시기 네루다의 시는 초현실주의적 색채가 짙고 매우 난해한 면모를 보이는데, 이는 직접적으로 어떤 이즘의 영향을 받았다기보다 환경이 만들어낸 자생적·토착적 초현실주의의 경지라고 할 수 있다.

극동 체류 시기에 만난 여성 중에서 네루다의 시에 고유명사를 남긴 인물은 검은 피부의 버마 여인 조시 블리스 Josie Bliss뿐이다. 1928년경 시인의 연인이었던 그녀는 '버마의 표범'이라는 별명에 걸맞게 질투의 화신이자 사랑의 테러리스트였다. 네루다가 자신과 함께하면서도 옛사랑을 잊지 못하고 끊임없이 편지를 보내자 답장이 오는 족족 감추기 일쑤였고, 그래서 시인과 알베르티나 로사와의 관계는 더 소원해질 수밖에 없었다.

조시 블리스는 네루다가 언젠가는 자신을 떠나리라는 두려움으로 늘 초조해했는데, 어느 날엔가 네루다가 한밤중에 눈을 떠보니 그녀가 유령처럼 소복 같은 옷을 걸치고 손에 칼을 든 채 침대 주위를 서성이고 있었다고 한다. 기겁을 한 네루다는 콜롬보로 임지를 옮겨갈 때 그녀의 마수에서 벗어나기 위해 야반도주를 하다시피 하지만, 그녀는 함께 즐겨 듣던 미국의 흑인 뮤지션 폴 로브슨의 음반과 돗자리에 쌀자루까지 챙겨 뒤쫓아간다.

하지만 우여곡절 끝에 두 사람은 항구에서 눈물겨운 이별을 하게 된다. 네루다는 자서전에서 조시 블리스를 그대로 떠나보낼 것인가, 아니면 곁에 남아달라고 할 것인가를 두고 갈등해야 했던 그 순간을 고통스럽게 회고하고 있다. 네루다는 먼 훗날 행복한 결혼 생활 중에도 기회만 닿으면 행방을 수소문하는 등 평생 그녀를 잊지 못한다. 트로이의 장수 아이네이아스와 카르타고의 여왕 디도의 애절한 이별이 그러했을까. 하지만 평생 숱한 여인들과 염문을 뿌린 시인의 고백을 어찌 온전히 믿겠는가. 자서전도 허구와 과장과 미화에서 자유로울 수 없는 법. 절반만 믿어주자.

이별의 상실감은 생동하는 언어로 쏟아져내리고

조시 블리스와 헤어진 네루다는 비록 결혼했다가 이별한 것은 아니지만, 다시 혼자가 된 쓸쓸함에 홀아비가 된 것 같은 감상에 젖어 「홀아비의 탱고^{Tango del viudo}」라는 시를 쓴다. 『지상의 거처』에서 시인의 전기적 사실을 토대로 그 내용을 온전히 이해할 수 있는 몇 안 되는 작품 중 하나다.

단아하고 우아한 시어가 아니라 정제되지 않은 일상의 언어를 거침없이 풀어놓고 있는 이 시는 어딘가 니카노르 파라의 반시를 떠올려준다.

오, 사악한 여인아, 이미 편지를 발견하고 길길이 날뛰며 울부짖었겠지,

그리고 화냥년, 개년이라 불러대며

내 어머니의 기억을 모욕했겠지,

해질녘, 그대는 영영 주인 잃은 텅 빈 내 낡은 구두를

바라보며, 홀로, 쓸쓸히 차를 마셨겠지.

그리고 나의 병病, 나의 밤 꿈, 나의 음식을 떠올릴 때마다

마치 아직도 내가 그곳에 있는 것처럼 고래고래 욕설을 퍼붓

겠지,

내게 열대기후에 대해, 거리를 누비는 쿨리들에 대해,

나를 지독히 괴롭히던 고약한 열병들에 대해

그리고 내가 아직도 증오하는 험악한 영국인들에 대해 투덜

대며.

사악한 여인아, 진실로, 밤은 얼마나 드넓고, 대지는 또 얼마

나 고독한가!

나는 또다시 쓸쓸한 침실로 돌아왔고,

다시 레스토랑에서 찬 음식을 먹게 되었다, 그리고 다시

방바닥에 바지와 셔츠를 내동댕이친다,

방에 옷걸이도 없고, 벽에는 사진 한 장 없다.

그대를 되찾으려면 내 영혼 속 그림자를 얼마나 헤매야 하나,

또 달[月]의 이름은 내게 얼마나 위협적으로 보이는가,

또 겨울이라는 단어에는 음산한 북소리 얼마나 가득한가.

166

훗날 그대가 나를 죽일까봐 무서워 코코야자나무

옆에 묻어놓은 칼을 찾아내겠지,

그런데 지금 문득 그대 손의 무게와 그대의 반짝이는 발에

길들여진 부엌칼 냄새를 맡고 싶다,

축축한 땅 아래, 귀먹은 뿌리들 틈에서,

가련한 사람은 인간의 언어 중에 오직 그대 이름만을 알리라,

더러운 땅은 신비하고 신성한 물질로

빚어진 그대의 이름을 이해하지 못한다. (…)

말의 살갗을 내리치는 채찍처럼 대기와 하나로 합쳐지며,

망각과 뒤섞이지 않는 그 긴긴 밤에 들려오던,

그대의 갑작스런 호흡을 위해 이 거대한 바닷바람을 주리라,

그리고 집의 안쪽, 어둠 속에서, 떨리는, 은빛의, 고집스런, 가는

꿀을 쏟아 붓는 듯한 그대의 오줌 누는 소리를 듣기 위해,

얼마나 여러 번 건넬 것인가, 내가 가진 이 그림자들의 합창을,

내 영혼 속에서 들리는 부질없는 검의 소리를,

사라진 것들과 사라진 존재들, 이상하게도

떼어놓을 수 없는 잃어버린 물질들을 부르며

내 이마에 외로이 있는 피의 비둘기를.

이 시에서 화자는 헤어진 연인의 오줌 누던 모습까지도 그리워하며 자신의 감정을 날것으로 담아내 한층 더 깊은 울림과 절절함을 자아낸다. 이는 과거의 시에서는 좀처럼 보이지 않던 양상으로, 이 시기 이미 네루다의 시적 지평이 상당히 넓어졌다는 것을 확인할 수 있다.

네루다는 1930년 치유할 수 없는 실연의 고통을 이기지 못하고 마루카Maruca라는 애칭으로 불렸던 네덜란드 국적의 마리아 안토니타Maria Antonieta Hagenaar와 결혼한다. 그런데 정말 알베르티나 로사에게 버림받은 아픔 때문에 '홧김'에 결혼한 것일까. 네루다가 부친에게 보낸 편지에서 "우리는 가난하지만 행복합니다"라고 적고 있는 데서 알 수 있듯, 두 사람 사이에 가난을 넘어 꽃피운 사랑이 왜 없었겠는가. 하지만 절대 고독으로부터 벗어나기 위해 선택한 결혼은 오히려 불행으로 귀결되었고, 둘 사이에 태어난 마리나Malva Marina는 여덟 살의 어린 나이에 뇌수종으로 사망한다. 마루카는 개인적으로도 더없이 불행한 삶을 살았지만, 네루다의 적들이 개입된 지루한 이혼 소송으로 시인에게 큰 고통을 안겨주기도 했다.

고독과 절망에서
연대와 희망으로

고독의 섬에서 광장으로 나서다

네루다는 마루카와 함께 배를 타고 기나긴 여행 끝에 귀국한다. 부모는 아들이 외교관이니 응당 돈을 많이 벌어 돌아올 것으로 기대했지만 실상 그는 거의 빈털터리였고, 키가 껑충하고 스페인어도 어눌한 낯선 여인을 부인이라고 대동하고 나타났으니, 집안사람들의 실망과 냉대는 불을 보듯 뻔한 일이었다.

그리고 네루다는 다시 학창 시절에 어울렸던 문인들과 몰려다니면서 보헤미안적 삶으로 돌아간다. 이후 아르헨티나 주재 영사를 지내고, 드디어 오랫동안 꿈꿔온 스페인으로 삶의 무대를 옮긴다. 그곳에서 바르셀로나 주재 영사를 거쳐 마드리드로 임지를 옮긴 네루다는 가르시아 로르카 같은 당대의 내로라하는 시인들과 어울리게 된다.

스페인 문학에서는 세르반테스와 로페 데 베가Lope de Vega, 칼데론 데 라 바르카Pedro Calderón de la Barca, 루이스 데 공고라Luis de Góngora, 프란시스코 데 케베도Francisco de Quevedo 등이 활동했던 시기를 황금 세기Siglo de Oro라 칭하고, 그 이후의 두 번째 전성기를 일컬어 은 시대Edad de Plata라고 하는데, 이 은 시대의 주역이 바로 가르시아 로르카를 비롯한 이른바 27세대 시인들이다.

그런데 당시에는 화가 살바도르 달리가 〈내전의 예감Premonición de la Guerra Civil〉에서 탁월하게 형상화한 대로 파시즘의 먹구름이 유럽의 하늘을 뒤덮고 있었고, 마침내 스페인에서 전쟁이 발발한다. 1936년부터 1939년까지 지속된 스페인 내전은 한 개인의 힘으로 역사의 방향을 바꿀 수 있다는 믿음이 존재했던 마지막 시기라고들 하는데, 실제로 세계의 양심들이 불의에 맞서 싸우기 위해 이베리아 반도의 전선으로 달려갔다. 그 현장의 한가운데에 네루다도 있었다. 결국 스페인 내전은 시인의 삶과 문학의 터닝 포인트가 되었다.

조지 오웰은 스페인 역사는 1936년에서 멈추었다고 했지만, 1936년에 멈춘 것은 비단 스페인의 역사만이 아니었다. 네루다의 과거의 시적 행보도 1936년에 멈추었다. 스페인 내전 하면 우리는 오웰의 『카탈루냐 찬가Homage to Catalonia』나 헤밍웨이의 『누구를 위하여 종을 울리나For Whom the Bell Tolls』를 떠올리지만, 누구보다 더 치열하게 그 전쟁에 대해 고뇌하고 그것을 예술로 승화시켰던 인물은 네루다였다.

그래서 문체론의 창시자 중 한 사람인 아마도 알론소Amado Alonso는 일찍이 『파블로 네루다의 시와 문체Poesía y estilo de Pablo Neruda』라는 책에서 스페인 내전 이후 "네루다의 시는 밤에서 아침으로 급격하게 바뀌었다"고도 했다. 『제3의 거처Tercera residencia』에 실린 「그 이유를 말해주지Explico algunas cosas」라는 시에서 네루다는 자신의 시가 왜 그렇게 달라졌는지 절규하듯 설명해준다.

당신들은 묻겠지. 라일락은 어디에 있냐고.

양귀비로 뒤덮인 형이상학은?

또 종종 단어들 위로

쏟아지며 온통 구멍과 새들을

만들어놓던 빗줄기는? (…)

당신들은 묻겠지. 왜 나의 시는

꿈과 나뭇잎과 조국의 거대한

화산들을 노래하지 않느냐고.

와서 거리의 피를 보라.

와서 보라,

거리의 피를.

와서 보라, 피를,

거리에 뿌려진!

그리고 훗날 네루다는 1934년 「분노와 고통Las furias y las penas」이라는 시를 쓰고 난 뒤 스페인에서 벌어진 역사적 비극을 회고하면서 당시의 시적 변화에 대해 이렇게 말하기도 했다.

1934년에 이 시를 썼다. 그 뒤로 얼마나 많은 일들이 일어났는지! 내가 이 시를 쓴 곳인 스페인은 지금 폐허다. 아! 단지 한 방울의 시나 사랑만으로 세상의 분노를 잠재울 수 있다면. 그러나 투쟁과 결연한 가슴만이 그것을 할 수 있다. 세계는 변했고 나의 시도 변했다.

그전까지는 자연과 여인에 대한 사랑, 아니면 자기 자신과의 고립된 대화에 매몰돼 있었다면, 스페인 내전의 현장에서 혼돈과 격동의 역사를 만나면서 현실에 눈을 뜨게 된 것이다. 이후 그의 시는 억압받는 타인의 고통을 나의 고통으로 공감하는 새로운 풍경을 보여주게 되고, 이때 눈뜬 시인의 의식은 죽는 날까지 결코 잠들지 않는다.

이 시기에 네루다 최초의 정치 시집으로 알려진 『가슴 속의 스페인España en el corazón』이 전쟁의 한복판에서 제작되어 병사들에게 읽히게 된다. 당시에는 종이도 제대로 구할 수 없어서 공화파와 파시스트를 가리지 않고 군기軍旗나 해진 군복 따위를 그러모아 종이를 만들었다고 하는데, 이는 출판 역사에서 대단히 의미 있는 기록으로 남아 있다.

이처럼 혁명과 반혁명이 예리하게 충돌한 고뇌의 시대에 네루다는 역사를 끌어안기 위해 과거의 시를 특징짓던 고독과 절망에서 멀어졌다. 이제 그에게 자유와 정의에 복무하지 않는 창작은 반역을 의미했고, 정치적 앙가주망은 시대의 요청이었다. "아우슈비츠 이후 서정시를 쓰는 것은 야만"이라고 했던 아도르노Theodor W. Adorno의 말은 내전 시기의 네루다에게도 그대로 적용된다. 불의에 맞서는 강력하고 예리한 무기로서의 시 개념을 통해 네루다의 문학적 신념이 빛을 발하는 순간이다.

이 시기의 네루다에게 문학은 결코 정치 투쟁과 분리될 수 없었다. 라틴아메리카에서 작가가 된다는 것은 아주 오랫동안 '총'과 '펜' 중 하나가 아니라 동시에 둘 다를 선택하는 것을 의미했으며, 그것은 라틴아메리카 작가들에게 운명지어진 특수한 존재론적 조건이었다. 창작이 정치 행위가 되는 땅에서는 그 누구도 자기 시대에서 자유로울 수 없는 법이다. 그래서 정치적 이유로 오랜 망명생활을 한 아르헨티나 시인 후안 헬만Juan Gelman은 시인을 '시를 쓰는 군인'에 비유하기도 했다.

나는 시를 쓰지만 군인이다. 단지 비무장일 뿐, 모든 시인에겐 인류를 위해 보다 나은 길을 개척할 의무가 있다.

마추픽추 산정에서 민중의 입이 되어

한편, 1943년의 마추픽추 방문은 네루다의 삶에서 또 한 번의 터닝 포인트가 된다. 스페인 내전을 통해 역사와 현실에 눈을 떴지만, 파시즘이 세상을 뒤흔드는 유럽의 한가운데에서 자신의 자리를 확인했을 뿐 그때까지 라틴아메리카는 그다지 안중에 없었다.

그런데 대륙 곳곳을 돌아보며 민중들의 가혹한 현실을 목격하고, 특히 멕시코 주재 총영사직을 마치고 귀국길에 말을 타고 마추픽추에 오르고 나서 자신은 라틴아메리카인이고 자신의 뿌리가 그곳에 있다는 것을 실감한다. 대학 시절 체 게바라가 대륙 종단 여행 중에 마추픽추 유적 앞에서 라틴아메리카의 척박한 역사와 현실에 눈떴던 것처럼 말이다. 네루다는 마추픽추를 다녀온 느낌을 이렇게 표현했다.

마추픽추의 유적을 보고 나니 경이로운 고대 문화들도 종이 반죽처럼 보잘것없이 생각되었다. 방치된 잉카의 탑들이 보여주는 고고한 장엄함에 비하면 인도는 덕지덕지 분을 칠한 왜소하고 볼품없는 신들의 전시장 같았다. 이제 나는 이 위대한 문명과 나를 분리시켜 생각할 수 없었다.

다소 과장된 느낌이 없지 않지만, 시인의 말에는 깊은 깨달음과 결연한 의지가 고스란히 담겨 있다. 그리고 그 결과물이 잉카 유적에 대한 절창인「마추픽추 산정Alturas de Macchu Picchu」이다. 혹자에 따르면 네루다는 마추픽추에 올라 "야, 여기에서 바비큐 해먹으면 끝내주겠다"라고 촌평했다는데, 사실이 그렇더라도 그것이 흠이 되지는 않을 것이다. 누구라도 그곳에 발을 디디면 그런 생각이 들 테니 말이다.

마추픽추는 1911년 미국 역사학자 하이럼 빙엄Hiram Bingham에 의해 발견됐다고 하지만, 그것은 피상적인 고고학적 발견일 뿐, 진정한 발견은 1945년「마추픽추 산정」을 통해 이루어졌다고 할 수 있다. 이 시에서 네루다는 마추픽추의 아름다움이나 신비, 조화, 장엄함 같은 가시적인 것들에 현혹되지 않고 오히려 그 유적을 세우기 위해 노동자들이 흘린 땀과 눈물과 피에 주목했다. 시간을 가로질러 오늘의 역사를 지탱하는 것은 바로 이름 없는 민중이며, 인간은 홀로 존재하는 것이 아니라 역사와 사회 속에 그 뿌리를 가지는 연속된 존재의 일부라는 새로운 인식이 시행을 가득 채우고 있다. 당시의 노동자들은 죽어서 말이 없지만 그들의 대변자로서 시인 자신이 해방의 노래를 부른 것이다. 12편으로 이루어진 「마추픽추 산정」의 마지막 시를 보자.

형제여, 나와 함께 태어나기 위해 오르자.

그대의 고통이 뿌려진 그 깊은 곳에서

내게 손을 다오.

그댄 바위 밑바닥에서 돌아오지 못하리.

그댄 땅속의 시간에서 돌아오지 못하리. (…)

대지의 밑바닥에서 나를 바라보라,

농부여, 직공이여, 말없는 목동이여.

수호신 과나코를 길들이던 사람이여.

가파른 비계를 오르내리던 미장이여.

안데스의 눈물을 나르던 물장수여.

손가락이 짓이겨진 보석공이여.

씨앗 속에서 떨고 있는 농부여. (…)

땅에 묻힌 그대들의 오랜 고통을 가져오라. (…)

그대들을 못 박아 매달았던 나무기둥을 내게

가리켜다오.

그 오랜 부싯돌을 켜다오,

그 오랜 등불을, 오랜 세월 짓무른 상처에

들러붙어 있던 채찍을

그리고 핏빛으로 번뜩이는 도끼를.

나는 그대들의 죽은 입을 통해 말하러 왔다.

대지에 흩뿌려진 말없는 입술들을

모두 모아다오.

그리고 대지 밑바닥에서 얘기해다오, 긴긴 밤이 다하도록.

(…)

그리고 몇 시간이고 몇 날이고 몇 해고, 날 울게 내버려다오,

눈먼 시대를, 별의 세기를.

내게 침묵을 다오, 물을 다오, 희망을 다오.

내게 투쟁을 다오, 강철을 다오, 화산을 다오.

그대들의 몸을 내 몸에 자석처럼 붙여다오. (…)

이처럼 「마추픽추 산정」은 고통 속에 죽어간 과거의 민중과 고통받는 오늘의 민중을 하나로 잇는 역사의 현재화, 현재의 역사화를 통해 역사에 대한 낙관적인 전망을 강하게 피력하고 있다. 네루다의 많은 시들이 노래로 불리고 있는데, 「마추픽추 산정」 역시 1981년 칠레의 음악 그룹 로스 하이바스^{Los Jaivas}에 의해 서사적 멜로디와 경쾌한 리듬이 돋보이는 같은 제목의 노래로 재탄생한 바 있다. 그들이 마추픽추에 올라 연주하며 노래하는 모습을 담은 뮤직비디오는 꽤나 인상적이다.

「마추픽추 산정」은 라틴아메리카 땅의 모든 역사를 응축하고 있어 흔히 라틴아메리카의 대서사시라고 불리는 『모두의 노래』에 실려 있다. 15부로 구성된 이 시집에서 우리는 아메리카 대륙에 사람이 살지 않았던 시절부터 집필을 끝마친 1949년까지의 역사와 신화에서 광대한 자연, 일상적인 소소한 것들에 대한 이데올로기적 해석에 이르기까지 모든 것을 아우르는 총체적 현실의 해석자를 만날 수 있다. 여기에서 시인은 '기억의 심부름꾼'으로서의 역할을 수행하고 있는 것이다. 그리고 시인에 의해 현재로 소환된 잊힌 과거의 이야기는 이제 미래에 대한 예언이 된다.

저토록 우아한 변명이라니

네루다는 이 시기에도 여성에 대한 사랑을 멈추지 않는다. 하지만 사랑의 대상을 여성만으로 한정짓지 않고 역사와 인류 보편에 대한 광대한 전망으로 확장시킨다.

네루다가 이 시기에 인연을 맺은 여성 중 두 번째 부인 델리아 델 카릴은 그의 삶과 문학에서 매우 중요한 위치를 차지한다. 스페인 내전을 통해 네루다의 시가 밤에서 아침으로 급격히 바뀌었다고 평가받는 그 지점에서 델리아의 역할이 상당했던 것이다.

델리아는 화가이자 조각가였지만, 동시에 개미라고 불릴 정도로 부지런한 활동가였고, 그래서 스페인 체류 시기 시인에게 이데올로기적으로 결정적인 영향을 끼쳤다. 하지만 네루다가 세 번째 부인 마틸데를 만나면서 1955년 두 사람은 여전한 사랑을 가슴에 묻고 아픈 이별을 하게 된다.

사실 델리아가 20년 연상이었으니, 네루다가 50세가 되었을 때 그녀는 이미 70세로 노년에 접어들어 아직 혈기 왕성한 시인을 감당하기 힘들었을 것으로 보인다. 그런데 흥미롭게도 델리아는 104세까지 장수를 누려 네루다도 보내고 또 자신에게서 남편을 앗아간 마틸데도 떠나보낸 후

시인과 함께했던 아름다운 날들을 회상하며 그림에 몰두하다가 1989년 산티아고에서 숨을 거둔다.

1964년 말년의 네루다는 지나온 삶을 돌아보는 회고적 성격의 시집 『이슬라네그라의 추억』을 출간한다. 여기에서 시인은 과거의 연인들을 소환하고 있는데, 그중 델리아에 대해서는 이렇게 노래하고 있다.

온화한

행인,

저 아련히 울리는 음향의 시절

내 손을 묶고 있던 강철과 꿀의 실 한 올⋯

한 남자가 한 여자와

헤어지는 것은 증오해서가 아니라

성장하기 때문.

네루다가 델리아와의 이별을 가슴 아파한 것이 사실이라 해도, 실로 우아한 변명이 아닐 수 없다. 다른 여자와 눈이 맞아 밀회를 즐기다 결국 헤어지고서는 "성장하기 때문"이라고 저렇게 근사하게 정당화하다니! 슬픈 이별마저 아름다운 언어로 승화시키는 건 시인의 능력인가. 1952 년 나폴리에서 마틸데에게 바치는 사랑의 시집 『대장의 노래』를 익명으로 펴냈을 때 이미 네루다의 마음은 델리아를 떠나 마틸데로 급격히 기울고 있었다.

여인에 대한 사랑은 곧 인류애로 이어지고

네루다는 세 번째 부인 마틸데와 가장 행복한 시간을 보낸 듯하다. 그녀와 함께했던 시기는 그가 다방면에서 성공을 거둔 때이기도 하다. 두 사람은 1950년대 초부터 줄곧 함께 살았지만 1966년에 가서야 공식적으로 부부가 된다. 네루다가 마틸데와의 비밀스런 만남을 위해 산티아고에 지은 집 라 차스코나La Chascona에는 멕시코 화가 디에고 리베라 Diego Rivera가 그린 두 얼굴의 마틸데 초상이 걸려 있는데, 두 얼굴 중 하나는 공적인 이미지로서의 가수 마틸데이고 다른 하나는 사적인 이미지로서의 네루다의 연인을 형상화 한 것이라고 한다. 실제로 그녀의 빨강머리에는 시인의 실 루엣이 숨어 있는데, 이는 두 사람의 은밀한 관계를 암시하 고 있다.

마틸데는 알베르티나 로사와 더불어 네루다의 진정한

시적 영감의 원천이었다. 『100편의 사랑 소네트Cien sonetos de amor』 머리말에서 네루다가 "뜨겁게 사랑하는 나의 님señora mía muy amada"이라고 호칭했던 바로 그 인물이다. 네루다는 이 시집과 『대장의 노래』를 온전히 마틸데에게 헌정했다.

마틸데는 시인이 사망한 후 1986년에 『파블로 네루다와 함께한 나의 삶Mi vida junto a Pablo Neruda』이라는 책을 펴내기도 했다. 그리고 너무도 다정했던 두 사람은 지금도 태평양이 바라보이는 이슬라네그라의 집 앞 바닷가에 나란히 누워 있다.

앞에서 네루다는 삶과 문학의 터닝 포인트를 맞아 여인에 대한 사랑을 역사와 인류 보편에 대한 광대한 전망으로 확장했다고 했는데, 아래는 그러한 변화의 양상을 잘 보여주는 「작은 아메리카Pequeña América」라는 시다. 『대장의 노래』에 실린 이 작품에서 '작은 아메리카'는 마틸데의 몸을 가리키는 것으로, 실제로 아메리카 지도를 펼쳐놓고 보면 여인의 몸과 비슷하다는 것을 알 수 있다.

지도에서 아메리카의

형상을 바라볼 때,

사랑이여, 난 그대를 본다.

그대 머리의 구리 산정,

그대의 젖가슴, 밀과 눈[雪],

그대의 가느다란 허리,

세차게 흐르는 강, 감미로운

언덕과 초원.

마침내 남부의 추위 속에서 그대의 다리는

한 쌍의 황금 지형을 끝마친다.

사랑이여, 내가 그대를 만질 때

나의 손은 그대의 감미로운 곳

뿐만 아니라,

나뭇가지와 대지, 과일과 물,

내가 사랑하는 봄,

사막의 달, 야생 비둘기의

가슴,

바닷물이나 강물에

닳아진 돌멩이의 매끄러움,

그리고 목마름과 배고픔이 눈을 번득이는

붉은 풀숲 또한

더듬어 거닐었다.

드넓은 내 조국은 그렇게 나를 받아들인다.

작은 아메리카 그대 몸속에.

사랑하는 사람의 육체를 아메리카의 형상에 비유하고 있는 이 시행들은 결은 다르지만 왠지 "여인의 몸을 만지는 것은 하늘을 만지는 것이다"라는 노발리스^{Novalis}의 표현을 떠올려준다. 마지막 두 행은 상당히 관능적이기까지 한데, 아메리카의 대지에 대한 사랑을 작은 아메리카인 마틸데에 대한 사랑과 중첩시킴으로써 앞서 서로 다른 시기에 전개됐던 두 유형의 시가 하나로 합쳐지고 있다.

훗날 네루다는 『100편의 사랑 소네트』에서 다시 한 번 마틸데를 향한 뜨거운 사랑의 찬가를 부르는데, 그 첫 시는 이렇다.

마틸데여, 초목이나 돌, 또는 포도주의 이름이여,

땅에서 태어나 존속하는 것들의 이름이여,

성장成長 속에서 첫새벽이 밝아오는 낱말이여,

여름날에 레몬의 빛이 터지는 낱말이여.

나무배들이 푸른 바다의 무수한 불길에 둘러싸여
그대 이름 속을 항해한다.
그리고 그 이름자들은 강물이 되어
내 사원 가슴으로 흘러든다.

오, 덩굴 풀 아래서 찾아낸 이름이여.
세상의 향기로 통하는
미지의 터널의 문 같은 이름이여!

오, 그대의 타는 입술로 나를 침략해다오,
밤같이 까만 그대의 눈으로, 원커든, 나를 탐사해다오,
그러나 나 그대 이름 속을 항해하다 잠들게 해다오.

그가 손대는 모든 것이 시가 되었다

마틸데와의 격정적인 사랑의 시기를 거치면서 네루다는
점차 삶의 마지막 단계로 진입한다. 그는 지금껏 자신이 살
아온 삶과 창작 여정을 돌아보면서 '나'를 앞세워 개인의

내면세계에 매몰되거나 역사와 민중을 구하겠다며 깃발을 흔들던 자아도취적인 오만을 반성하고 새롭게 일상성의 시와 간결함의 미학에 천착한다. 그간의 엄숙하고 권위적 이던 시 세계와는 달리 소박한 유무형의 일상적 소재에서 시적인 것을 발견하는 또 다른 변화를 가져온 것이다.

이 시기의 시를 읽다 보면 어떻게 이런 소재를 가지고 이런 놀라운 시를 써낼 수 있을까 감탄하게 된다. 붐 소설 가 중 한 명인 푸엔테스는 네루다를 일컬어 "언어의 미다 스 왕"이라고 했다. 정말 그렇다. 그가 손을 대면 모든 것이 시가 되었다. 네루다가 새롭게 펼쳐 보이는 일상성의 미학 에서 우리는 이러한 사실을 다시 한 번 확인하게 된다. 양 말이나 엉겅퀴, 건물, 책, 빵, 옷처럼 우리가 일상에서 보고 만지고 호흡하는 소소한 대상 하나하나는 짤막한 시행들 안에서 고유한 공간과 시간, 움직임을 갖는다.

이로써 네루다의 시는 한층 평범해진다. 시어가 평이하 고 질박한 것은 물론이고, 시가 담고 있는 내용과 노래하 는 대상에서도 일상성이 두드러진다. 이런 일상성이 극단 적인 방식으로 표출된 것이 파라가 창안한 반시라고 할 수 있다. 『기본적인 송가Odas elementales』, 『새로운 기본적인 송가

Nuevas odas elementales』, 『세 번째 송가집Tercer libro de las odas』, 『항해와 귀환Navegaciones y regresos』 등 이 시기에 나온 일련의 송가집은 인간과 세계의 모든 요소를 시 속에 담아내겠다는 의지와 시정신의 표명이다.

고대 그리스 서정시인 핀다로스Pindaros에 의해 그 원형이 확립된 송가는 전통적으로 숭고하고 거룩한 대상을 기리기 위한 서정시 형식으로 엄숙한 주제와 웅장하고 품격 있는 문체가 특징이지만, 네루다는 그 대상을 일상적이고 보편적인 것으로 끌어내림으로써 송가 형식에 대한 탈신화화이자 일종의 패러디라고도 볼 수 있는 시편들을 써낸 것이다. 여기에서 '송가oda'와 모순어법을 이루는 '기본적elemental'이라는 형용사는 내용과 형식의 조화와 일치를 추구하는 가장 금욕적이고 가장 겸허한 소박함을 가리킨다. 시인의 말대로, 기본적인 대상들의 세계는 가장 단순하고 소박한 형식으로 표현되어야 하기 때문이다. 물론 이 시들은 애초에 일간지의 뉴스면에 연재되었으니 짤막한 시행은 신문 판형을 고려한 것이기도 하다.

이제 시인은 자의식의 과잉을 스스로 봉쇄하는 투명 인간이 된다. 네루다는 『기본적인 송가』를 여는 시에서 이를

'보이지 않는 사람el hombre invisible'이라고 칭하는데, '나'의 개성을 드러내지 않고 탈개성적인 집단 주체로 시적 자아를 새롭게 규정한 것이다. 시인은 보이지 않는 존재로서 시적 대상 뒤로 모습을 감추고, 그럼으로써 시인의 목소리가 돋보이는 대신 집단성과 익명성이 담보되는 것이다. 개인과 개인성을 지우고 '나'의 우월성을 부정하는 보이지 않는 사람과 더불어 시인의 노래는 이제 이름 없는 민중들의 침묵의 언어와 결합한다.

나의 노래는 모두가 하나 되게 하는 노래:
모든 이들과 함께 부르는
보이지 않는 사람의 노래.

한 예로 「양파를 기리는 노래Oda a la cebolla」를 보자. 양파는 일상에서 아주 흔하게 볼 수 있는 사물로 간혹 시에서 가난의 상징으로 등장했을 뿐 누구도 크게 눈여겨보지 않던 것인데, 네루다는 그 양파를 숭고의 차원으로 승화시킴으로써 사물의 근원적 가치와 삶의 본질적 의미를 선명하게 일깨워준다. 시인의 관점이 바뀌자 보이지 않던 대상이 보이

고 기존의 대상도 달리 보이게 된 것이다. 그만큼 시선이
중요하다.

양파여,

반짝이는 플라스크여,

한 꺼풀 한 꺼풀

너의 아름다움이 빚어졌다,

수정 비늘들이 너를 불렸고

컴컴한 대지의 비밀 속에서

이슬 같은 너의 배 동그래졌다. (…)

남새밭에 검 같은 너의 이파리

태어났을 때,

대지는 너의 투명한 알몸 보여주며

차곡차곡 힘을 쌓았다,

아득한 바다가 아프로디테의

가슴을 부풀려

또 한 송이 목련을 피워냈듯이,

대지는

그렇게 너를 빚었다,

유성처럼 밝은

양파여,

변치 않는 별자리여,

동그란 물 장미여,

넌 가난한 사람들의

식탁

위에서

반짝반짝

빛날 운명을 타고났다.

　위의 시행들에서 단순함과 투명함은 시인과 독자 사이의 참된 소통과 교감을 위한 교량이다. 풍성한 이미지와 비유는 여전하지만 수사적 장식과 문학적 허영은 최소화되어 보통 독자들이 이해하지 못할 정도로 난해하지는 않다.

너그럽게도

넌 팔팔 끓는

냄비 안에서

네 싱싱한 구체球體를

해체하고,

타는 듯한 식용유의 열기에

수정 조각들은

이글거리는 식용유의 열기에

돌돌 말린 황금의 깃털로 변한다. (…)

그러나 민중의 손이

닿는 곳에서,

식용유가 끼얹어지고,

약간의 소금이

뿌려진 채,

넌 고된 길을 가는 날품팔이의

허기를 달랜다.

가난한 사람들의 별이여,

고운 종이에

싸인

요정 대모여,

넌 천체의 씨앗처럼

영원하고, 옹글고, 순결하게

땅에서 고개를 내민다,

부엌칼이

널 자를 때

하나뿐인 고통 없는

눈물이 솟는다.

넌 괴롭히지 않고도 우리를 울게 했다. (…)

그러나 내게는 네가

눈부신 깃털의

새보다 더 아름답다.

내 눈에 넌

하늘의 풍선, 백금 술잔,

눈 덮인 아네모네의

정지된 춤이다. (…)

시는 모름지기 모두가 함께 나누는 빵 같은 것이 되어야
하며 최고의 시인은 우리에게 일용할 양식을 건네는 존재
라는 네루다의 오랜 신념이 마침내 가장 적절한 시의 형태
로 구현된 것이다. 위의 시행들을 가득 채우고 있는 우아하
고 감동적인 수수함이『스무 편의 사랑의 시와 한 편의 절
망의 노래』의 관능적 서정,『지상의 거처』의 초현실주의적

난해함, 『모두의 노래』의 서사시적 장려함과 한 시인 안에 공존할 수 있다는 것은 놀랍다. 창작 여정을 마무리하는 시점에 새로운 시의 지평을 연다는 것이 결코 녹록한 일이 아니기에 더욱 그렇다.

그러나 사실 자연과 물질세계에 대한 천착은 네루다에게 전혀 새로운 것이 아니며 초기부터 그의 시를 관통하는 두드러진 특징의 하나다. 다만 대상을 바라보는 눈길과 표현 방식이 더욱 깊어지고 넓어졌을 뿐이다. 실제로 네루다가 일찍이 스페인에서 발표한 「순수 없는 시에 관하여Sobre una poesía sin pureza」에서 우리는 이미 관념과 추상의 거부, 인간 존재의 생생하고 구체적인 경험에 대한 지향을 확인할 수 있다.

우리가 추구해야 할 시는 산酸에 닿아지듯 손의 노동에 닿아지고, 땀과 연기가 배어 있고, 법의 테두리 안팎에서 행해지는 다양한 일들로 얼룩진, 백합과 오줌 냄새를 풍기는 그런 시다.

네루다는 죽음을 앞두고 다시 한 번 자기 자신에게로 돌아간다. 물질세계와의 대화, 역사와의 대화, 일상적인 사물과의 대화를 거쳐 이제 사람들에게 침묵할 것을 요구하며 자기 자신과의 대화를 시작한 것이다. 『방랑 일기Estravagario』 나 『이슬라네그라의 추억』, 『질문의 책Libro de las preguntas』 같은 시집들이 여기에 해당한다.

이 시기에 쓴 시들을 보면 한층 성숙한 시인의 면모가 잘 드러나 있다. 진지하면서도 유머러스하고, 또 동양적 지혜에 접근하는 투명한 에스프리가 돋보이기도 한다. 특히 이때는 시가 눈에 띄게 짤막해지기도 하는데, 아래의 「점點, Punto」이라는 시는 그 함축미와 깊은 여운에서 흡사 하이쿠나 불교의 선시를 연상시킨다.

> 고통보다 넓은 공간은 없고,
> 피 흘리는 그 고통에 견줄 만한 우주는 없다.

세상을 탐색하며 성장을 거듭하다

지금까지 장님 코끼리 만지듯 네루다의 방대한 시 세계를 간략히 살펴봤는데, 그의 시는 자연에서 여인으로, 또 역사와 민중으로, 라틴아메리카로, 우주로 끝없이 확장해가며 한 편의 큰 사랑의 시를 그려냈다는 느낌을 준다. 분명 시

전체를 관통하는 굵은 줄기가 존재하며, 서른 권이 넘는 시집을 다 늘어놓고 나면 흡사 한 편의 긴 순환시와도 같다. 그래서 로드리게스 모네갈^{Emir Rodríquez Monegal}이라는 우루과이 비평가는 네루다를 "움직이지 않는 여행자^{el viajero inmóvil}"로 지칭하기도 했다. 끊임없이 여행을 떠나지만 움직이지 않는다는 것인데, 이 말은 견고한 중심을 가지고 있어 여행을 떠났다가도 어김없이 더 성숙해진 모습으로 원래 자리로 돌아온다는 이야기다. 인간과 세상에 대한 탐색을 멈추지 않았던 시인의 창작 여정을 돌아볼 때, 이 모순어법적 표현은 더없이 적절한 비유가 아닐 수 없다.

이쯤에서 앞서 '시가 내게로 왔다'는 구절만 언급했던 「시」 전문을 읽어보자. 여기에는 언제 어디서 어떻게 왔는지는 모르지만 한순간 시를 만나 우주의 신비에 이르도록 끊임없이 스스로를 확장해간 "움직이지 않는 여행자" 네루다의 시적 행로가 잘 응축되어 있다.

그래 그 무렵이었지… 시가
내게로 왔다. 난 모른다. 어디서 왔는지
모른다. 겨울에선지 강에선지.

언제 어떻게 왔는지도 모른다.

아니다. 목소리는 아니었다. 말[言]도,

침묵도 아니었다.

하지만 어느 거리에선가 나를 부르고 있었다.

밤의 가지들로부터

느닷없이 타인들 틈에서

격렬한 불길 속에서

혹은 내가 홀로 돌아올 때

얼굴도 없이 저만치 지키고 섰다가

나를 건드리곤 했다.

난 무슨 말을 해야 할지 몰랐다.

입술은

얼어붙었고

장님처럼 눈앞이 캄캄했다.

그때 무언가가 내 영혼 속에서 꿈틀거렸다.

열병 혹은 잃어버린 날개들.

그 불탄 상처를

해독하며

난 고독해져 갔다.

그리고 막연히 첫 행을 썼다.

형체도 없는, 어렴풋한, 순전한

헛소리,

쥐뿔도 모르는 자의

알량한 지혜.

그때 나는 갑자기 보았다.

하늘이 걷히고

열리는 것을

행성들을

고동치는 농장들을

화살과 불과 꽃에

들쑤셔진

그림자를

소용돌이치는 밤을, 우주를 보았다.

그리고 나, 티끌만한 존재는

신비를 닮은, 신비의

형상을 한,

별이 가득 뿌려진

거대한 허공에 취해

스스로 순수한

심연의 일부가 된 것만 같았다.

나는 별들과 함께 떠돌았고

내 가슴은 바람에 실려 멋대로 날뛰었다.

"가장 훌륭한 시는 아직 쓰이지 않았다. / 가장 아름다운 노래는 아직 불리지 않았다." 터키 출신의 러시아 망명 시인 나짐 히크메트Nazim Hikmet의 「진정한 여행」에 나오는 구절이다. 히크메트는 네루다와 막역한 사이였는데, 이 시인의 말마따나 네루다는 이제 시인으로서 절정에 다다랐다고 생각하는 순간마다 놀랍게도 새로운 세계를 펼쳐 보임으로써 그의 삶과 문학 자체가 하나의 '진정한 여행'이었음을 보여주고 있다.

네루다는 라틴아메리카의 다른 시인들
과 어떤 관계를 맺었나?

파블로 네루다는 루벤 다리오와 마찬가지로 많은
지지자와 추종자를 낳았다. 그러나 현실 정치에
지속적으로 관여해온 그의 문학 지향은 많은 반
대와 비판에 노출되기도 했다.

먼저, 4부에서 살펴볼 세사르 바예호와는 공통
점과 차이점을 동시에 지니고 있다. 네루다는 극
동으로 가는 길에 바예호와 처음 만나 친구가 되
었다. 스페인 내전이 발발하자 '스페인공화국 옹

호를 위한 이베로아메리카위원회'를 창설하고 『새로운 스페인Nueva España』이라는 기관지를 창간하는 등 함께 반파시즘 활동을 전개했으며, 1937년 스페인에서 열린 반파시즘 세계작가대회에 나란히 참석하기도 했다. 내전에 관한 시를 썼다는 것도 공통점이다. 그러나 네루다의 『가슴속의 스페인』에서 들리는 격앙된 분노의 목소리는 바예호의 『스페인이여, 내게서 이 잔을 거두어다오España, aparta de mí este cáliz』에서처럼 목청 높여 소리치지 않고도 독자의 마음을 깊이 위무하는 애도의 목소리와 뚜렷한 대조를 이룬다.

한편, 네루다는 같은 칠레 시인인 니카노르 파라와도 인연이 깊다. 5부에서 자세히 살펴보겠지만, 파라는 과거의 모든 전통과 통념을 거부한 시인이다. 시적 전통을 전면 부정하는 우상 파괴자가 등장했으니 대다수 선배 시인들은 불편한 마음이 컸겠지만 네루다만큼은 달랐다. 그는 천성적으로 사람을 좋아하는 데다 보스 기질까지 있어 집에는 방문객들의 발길이 끊이지 않았는데,

손님이 자기 생각에 동의하지 않으면 기분이 상해하는 등 속 좁은 면도 없지 않았지만, 파라에게는 비교적 관대한 모습을 보였다.

파라가 네루다의 집에서 반시라는 것을 낭송하자 자리에 있던 사람들이 하나같이 '저게 무슨 시냐?'며 혀를 끌끌 찼을 때도 네루다는 그를 구석으로 데려가서 "매우 흥미로운 시다, 계속 이 방향으로 써보라"고 격려했을 정도다. 파라 역시 네루다의 과장된 언어를 비판하면서도 그의 작품 수준이 고르지 않다고 비판하는 사람들을 '까다로운 독자들'로 칭하면서 "안데스 산맥도 고르지 않은 작품 아니냐"고 옹호할 정도로 그에 대한 존중이 남달랐다. 『기본적인 송가』 이후 네루다의 시가 다분히 반시적인 경향을 보인다는 것도 이와 관련하여 시사하는 바가 크다.

그리고 옥타비오 파스가 널리 이름을 얻기 전 세계 문단에 그를 소개한 인물이 네루다였다. 이미 유명세를 치르고 있던 네루다는 일찍이 파스의 재능을 알아보고 내전의 와중에 스페인의 발렌시아와 마드리드에서 열린 반파시즘 지식인대회에 그를 초청하기도 했다.

파스가 인도 주재 대사로 있던 1968년 멕시코시티에서 올림픽이 열리게 되는데, 당시 학생과 시민이 주축이 된 시위대에게 군경이 발포, 대규모 학살이 자행되는 사건이 발생했다. 그러자 파스는 이에 저항하는 의미로 대사직을 집어던지는 등 양식 있는 지식인의 면모를 보이기도 했지만, 그 이후의 행보를 보면 보수적이고 친부르주아적인 성향이 다분해서 네루다와는 정치적 신념의 차이로 1940년대 초에 결별하게 된다. 반파시즘적인 입장은 공유했지만 네루다가 오랫동안 견지했던 완고한 스탈린 지지 입장이 결정적인 원인이었다.

1942년 멕시코시티의 스페인 문화원에서 있었던 한 행사에서 네루다가 세련되게 예복을 차려입은 파스에게 욕설을 퍼붓고 멱살잡이 직전까지 간 적도 있었다. 기본적으로 서로의 시 세계를 인정하면서도 두 사람은 이후 25년간 대화를 나

누지 않았으며 죽는 날까지 진정한 화해는 이루
지 못했다고 한다. 파스가 외교관으로 인도에 체
류하는 동안 동양의 종교에 매료된 반면, 네루다
는 동양의 종교에서 냉혹하고 차별적인 요소를
발견했다는 데서 결별은 이미 예고되어 있었는지
도 모른다. 그 외에도 같은 칠레 시인들인 비센테
우이도브로, 파블로 데 로카Pablo de Rokha와의 지독
한 악연과 불화는 "문학 유격전guerrilla literaria"이라
고 불릴 만큼 잘 알려져 있다.

네루다는 우리 문학에 어떤 흔적을 남
겼나?

네루다는 라틴아메리카 시인 중에서 우리나라에
가장 널리 알려져 있다. 고등학교 문학 교과서에
그의 시가 실려 있을 정도이며, 그에 걸맞게 우리
문학에 적지 않은 흔적을 남기고 있다.
　먼저, 이태준이나 이기영 등 월북 문인들이 네

루다와의 인연을 언급한 기록들이 있다. 이태준은 네루다와 동갑내기다. 1951년 북한 예술총연맹 부위원장 자격으로 베이징에서 개최된 중국 건국 2주년 기념 아시아문학 좌담회에 참석했다가 망명 중 소련에서 시베리아 횡단열차를 타고 몽골을 거쳐 그 대회에 참석한 칠레 시인을 만나게 된다.

이태준은 1952년 출간된 중국 기행문 『위대한 새 중국』에서 네루다를 평하기를, "미국 자본가들 밑에 피땀을 착취당하고 있는 칠레 광산노동자들 속에서 시를 써왔고, 제2차 세계대전 당시에 벌써 미국이 앞으로 파쇼의 길을 걸을 것을 예견하여 미국 청년들에게 경종을 울리는 많은 시를 썼으며, 미제와 자기 나라 반동정권의 갖은 박해 속에서 세계 평화를 위하여 싸워온 시인"이라고 했다. 크게 틀린 말은 아니지만, 글쓴이의 이데올로기적 입장 때문에 네루다를 상당히 경직되게 이해하고 있음을 알 수 있다. 유고 자서전 『태양을 따라』에서 네루다를 "예리하고 무자비한 시

어로 미제의 심장을 찌르는 반제혁명투사"로 소
개하고 있는 이기영을 비롯한 다른 좌파 작가들
의 경우도 별반 다르지 않다.

어디에선가 1950년대 초 네루다의 시가 한국
어로 번역되었다는 기록을 읽은 적이 있는데, 사
실 여부는 확인하지 못했지만 그가 박해받는 정
치인이자 공산주의자 시인으로 큰 주목을 받고
있던 당시의 상황을 고려할 때 북한에서 번역되
었을 가능성이 적지 않다. 그리고 1968년에는 김
수영 시인이 한국에서 처음으로 네루다 시를 번
역해서 소개한다. 두 시인은 공통분모가 많다. 개
인적 자아에서 사회적 자아로, 고독에서 인간적
연대로, 모더니즘의 실천에서 그 극복으로, 소시
민적 허위의식과 자조적 미학에서 그 청산으로
나아갔던 시적 궤적을 공유하는 것이다. 그래서
였을까. 김수영 시인은 적빈한 살림에도 정기 구
독하던 문학지 『인카운터Encounter』에서 영어로 번
역된 네루다 시를 접하고는 푹 빠져 그것을 우리
말로 바로 번역해냈다.

한편, 1971년 노벨문학상 수상을 계기로 우리 나라에 네루다가 본격적으로 소개되었으며, 민족 문학론을 개진했던 작가와 비평가들에게 이른바 제3세계 문학의 전범으로 높이 평가받았다. 당시 남조선민족해방전선 사건으로 투옥 중이던 김남 주 시인은 네루다를 읽기 위해 옥중에서 스페인 어를 배우기도 했다. 펜과 종이조차 제대로 구할 수 없는 좁은 감방에서 한 줄 한 줄 옮겨 적은 네 루다 시는 훗날 그의 번역 시집 『아침저녁으로 읽 기 위하여』를 통해 빛을 보게 된다.

실제로 김남주의 시에서 네루다의 영향을 확인 할 수 있는데, 『사랑의 무기』에 실린 「그들의 시 를 읽고」에 보면 아예 칠레 시인의 이름을 직접 언급하고 있다. "보라 네루다를 / 보라 브레히트 를 / 보라 아라공을 / 사랑마저도 그들에게는 물 질적이다 전투적이다 유물론적이다 / 그들은 소 네트에서 천사를 노래했으되 / 유방 없는 천사를 노래하지 않았다" 이 시행들에 뒤이어 "그들은 노래했다 박꽃처럼 하얀 허벅지를 그 부근에서 /

은밀하게 장미향을 피워내며 끊임없이 흐르는 갈
증의 샘을"이라는 표현이 나오는데, 이 두 행은
『스무 편의 사랑의 시와 한 편의 절망의 노래』의
첫 번째 시 일부를 거의 그대로 옮긴 것이다.

정현종 시인은 오래전부터 네루다 시를 꾸준히
소개해왔다.『스무 편의 사랑의 시와 한 편의 절
망의 노래』,『100편의 사랑 소네트』,『충만한 힘
Plenos poderes』,『질문의 책』 등이 그의 손을 거쳐 우
리 독자들에게 소개되었다. 네루다와 가르시아
로르카를 특히 좋아하는 그는 스페인어가 익숙지
않아 영어본 책에서 중역하는 것으로 보이지만,
스스로가 시인이다 보니 분명 번역에 강점이 있
다. 네루다 시를 꾸준히 소개해온 공로를 인정받
아 2004년 네루다 탄생 100주년을 기념해 65개
국 100명의 문인에게 수여된 기념 메달을 받기도
했다. 그는 네루다 시에 나타난 우주와의 에로스
적 합주를 "人工自然(인공자연)으로서의 詩(시)—
또 하나의 천지창조"라고 격찬한 바 있다.

1990년대 이후에는 네루다를 탐독하고 그에

게서 영향을 받은 시인들의 폭이 한층 넓어졌다. 신현림 시인은 「나의 이십대」라는 시에서 25세를 회고하며 "마르께스의 밀림을 날아다니고 네루다 김수영 이성복의 지평선에서 사자노을을 보고 하염없이 울다"라고 노래한 바 있다. 이 시기가 되면 가르시아 마르케스나 네루다 같은 라틴아메리카 작가들이 우리 문인들에게 적잖은 영감을 주었다는 것을 확인할 수 있는 대목이다.

이처럼 네루다는 긴 세월 우리 문학에 존재감을 드러냈지만, 천의 얼굴을 가진 그의 시 세계가 온전히 조명받지 못한 채 이데올로기적 관점에 따라 일방적이고 왜곡된 방식으로 수용되어온 측면이 있다. 지난 세기 정치가 사회의 여러 문화적 욕구를 압도해버리는 상황에서 이념적 프레임에 갇혀 네루다 시의 일면만이 강조되었던 한계를 극복하고, 이제 그의 방대한 시 세계를 관류하는 심오한 내적 통합성에 주목할 필요가 있다.

4부＿＿＿＿＿＿

"오늘처럼

살기 싫었던
날은 없다"

영혼을
위무하는 시인,

세사르 바예호

"나는 신神이 / 아픈 날 태어났다." 세사르 바예호는 평생 가난하고 불운한 삶을 살았다. 그러나 가난도 병도 정치적 핍박도 자기 파괴적인 습관도 그의 타고난 재능을 잠재울 수 없었다. 바예호의 시는 비인간적인 세상에 내던져진 소외된 존재의 고통으로 가득하다. 하지만 그는 어둠 속에 주저앉아 환멸과 비애의 노래를 부르는 대신 타인을 향한 따뜻한 시선과 연민을 통해 고통과 고독을 넘어 인간적 연대와 휴머니즘의 경지로 나아갔다.

고통의 한가운데서
휴머니즘을 외치다

"장대비 쏟아지는 파리에서 죽으리라"

앞서 말했듯이 페루는 독특한 문화 지형을 가진 나라다. 스페인 사람들이 잉카 제국의 수도 쿠스코를 정복하기는 했지만 고산 지대라서 식민지 경영에 어려움이 많자 1535년 피사로^{Francisco Pizarro}는 스페인과의 교류가 용이한 바닷가에 새로운 도시 리마를 세운다. 그래서 페루 사회는 고산 지대의 선주민 문화와 해안 지역의 정복자 문화가 양립하는 이분화된 구조를 보여준다.

세사르 바예호는 1892년 산티아고 데 추코라는 페루의 산악 마을에서 태어나 자랐다. 원래 이름은 세사르 아브라암 바예호 멘도사^{César Abraham Vallejo Mendoza}였다. 그는 자신의 이름이 탐탁지 않았는지, 아니면 단순한 치기였는지, 두 번째 시집 『트릴세^{Trilce}』를 펴내면서 필명으로 '세사르 페루^{César Perú}'를 사용할 것을 심각하게 고려하기도 했다는데, 친구들의 놀림 때문에 빛을 보지는 못했다. 어쩌면 부친의 고서점 이름에서 필명을 따온 프랑스 작가 아나톨 프랑스^{Anatole France}를 흉내 내고 싶었던 게 아닐까. 페루는 그의 조국의 이름이니 말이다.

하지만 바예호는 젊은 나이에 고향을 떠나 줄곧 이주자의 길을 걷는다. 당시에 많은 라틴아메리카 지식인, 작가들이 운명처럼 걸었던 바로 그 길이다. 처음에는 학업 때문에 트루히요라는 도시로, 또 더 멀리 수도 리마로 옮겨갔다. 그리고 마지막엔 모더니티의 수도 파리로 이주했다. 자신을 둘러싼 척박한 환경이 끝없는 이주의 주된 원인이었을 것이다. 한곳에 정주하지 못하고 부평초처럼 세상을 떠돈 유목적 삶에도 불구하고 바예호의 마음은 한 번도 고향을 떠난 적이 없다. 그는 영원한 이주자였지만 역설적이게도 그의 삶은 끊임없이 산티아고 데 추코 주위를 맴돌고 있었던 것이다.

바예호는 한마디로 고통의 시인이다. 그는 평생 고통과

더불어 살았고 고통은 그의 문학의 뿌리요 자양분이다. 그는 "장대비 쏟아지는 파리에서 죽겠다"며 일찌감치 자신의 죽음을 예고하는 시를 쓰기도 했는데, 사실 '죽겠다'가 아니라 죽을 수밖에 없는 운명이었다. 죽음은 평생 그림자처럼 그를 따라다녔다. 몸도 병들고 자신에게 또 다른 삶이 펼쳐지리라는 그 어떤 기약과 희망도 없었던 것이다. 외부 세계와 격리된 인간의 근원적 상실감과 고독이 그를 죽음으로 몰아가고 있었다.

장대비 쏟아지는 파리에서 죽으리라.

그날이 어느 날인가는 이미 기억하고 있다.

파리에서 죽으리라. 도망치지 않겠다.

아마도 오늘 같은 가을날 어느 목요일일 거다.

바예호는 1938년 4월 15일 아침, 비 내리는 파리에서 부인 조젯Georgette Philippart과 친구인 라레아Juan Larrea, 오야르순Ángel Custodio Oyarzún이 지켜보는 가운데 생을 마감했다. 그때 그의 나이 마흔여섯이었다. 어릴 때 앓았던 말라리아가 재발한 것이 죽음의 원인이었다. 다만 시에서 예고했던 목요일이 아닌 금요일이었다. 위의 시에서 목요일은 예수가 자신의 죽음이 임박했음을 알아차리고 겟세마네에 올라 기도하던 순간을 환기시킨다. 운명을 피하지 않겠다고 했지만, 이 시를 쓸 때의 심경은 "아버지, 하실 수만 있으시면 이 잔이 저를 비켜가게 해주십시오"라는 최후의 순간 예수의 절규와 같지 않았을까. 실제로는 예수의 수난과 죽음을 기념하는 성금요일에 눈을 감았으니 그의 고통스러운 삶에 어울리는 더 극적인 죽음이 아닌가. 어쨌든 1923년 유럽으로 떠난 이후 한 번도 고향에 돌아가지 못하고 낯선 이국땅에서 자신의 죽음을 예고하는 모습은 시인 바예호의 이미지를 강하게 지배한다.

하염없이 눈을 맞으며 몽파르나스에 눕다

고착화된 바예호의 또 다른 이미지는 조젯 옆에서 지팡이를 짚은 채 오른손으로 턱을 괴고 있는 고뇌 어린 모습이다. 그 사진에서 가져온 바예호의 얼굴이 페루 지폐에 등장하기도 한다.

평생 지독한 가난과 고독을 온몸으로 견디며 살았지만, 사후의 바예호는 라틴아메리카 시의 최고봉으로 하나의

세사르 바예호(1892~1938).
1929년 베르사유에서 조젯과 함께 있는 바예호의 모습.

역사가 되었다. 그의 이름을 딴 대학까지 생겼을 정도다.

　바예호는 1938년 4월 19일, 정식으로 프랑스 영주권을 획득한 지 5년 남짓 만에 파리 몽루즈에 묻혔다. 장례식에서는 프랑스의 시인이자 소설가인 루이 아라공^{Louis Aragon}이 조사를 낭독했다. 그리고 그로부터 32년이 지난 1970년, 미망인 조젯은 시인의 생전 바람대로 몽파르나스로 그의 무덤을 옮겨간다. 조젯은 이장을 하면서 비석에 프랑스어로 근사한 하이쿠 풍의 비문을 남겼다.

　당신이 잠들도록 난 눈이 되어 하염없이 내렸네.

　(J'ai tant neigé pour que tu dormes.)

단 세 권의 시집으로 최정상에 선 시인

세사르 바예호는 생계의 방편으로 교육자와 저널리스트의 길을 걸어야 했기에 창작에 몰두할 수 있는 형편이 되지 못했다. 게다가 마흔여섯의 이른 나이에 세상을 뜬 탓에 30여 권의 방대한 시집을 남긴 네루다와는 근본적으로 차별화되는 시인이다. 그러나 온몸으로 써 내려간 깊은 울림의 시편들을 떠올려보면, 과작^{寡作}이 환경적인 요인 외에 삶과 문학에 대한 시인의 태도에서 비롯되었음을 쉽게 간파할 수 있다.

생전에 발간된 시집이라고는 『검은 전령Los heraldos negros』과 『트릴세』 두 권이 전부다. 사후에 출간된 두 권의 시집을 합쳐봐야 총 네 권의 시집을 남겼을 뿐이다.

그리고 사후에 출간된 시집들은 미망인 조젯이 편집을 한 것이나 마찬가지인데, 이에 대해서는 자의적 기준에 의해 두 권으로 나눴다는 주장부터 시작해서 논란의 여지가 적지 않다. 시 경향을 보면 사실 세 번째 시집과 네 번째 시집은 한 권으로 묶여도 무방하다. 따라서 바예호는 단 세 권의 시집으로 라틴아메리카 문학의 최정상에 선 시인이라고 할 수 있다. 당연한 얘기지만, 작품 수가 많다고 해서 그에 비례해 훌륭한 작가일 가능성 또한 커지는 것은 아니다. 예컨대 멕시코 소설가 후안 룰포Juan Rulfo는 얄팍한 소설 『페드로 파라모Pedro Páramo』와 단편집 『불타는 평원El llano en llamas』, 이 두 권만 가지고도 라틴아메리카 최고 작가의 반열에 올랐다.

1919년 출간된 바예호의 첫 시집 『검은 전령』은 상징주의 성향이 강하고 낭만주의적 색채도 풍기는 등 아직 루벤 다리오의 영향이 짙게 남아 있다. 모데르니스모의 세례를 받기는 했지만 과도기적 작품으로 새로운 시어에 대한 모색이 엿보이기도 한다. 마리아테기는 『페루 현실의 이해를 위한 일곱 가지 소론7 ensayos de interpretación de la realidad peruana』에 실린 「세사르 바예호César Vallejo」라는 글에서 새로운 기법, 새로운 언어로 구현된 선주민 감성, 즉 '진정한 선주민주의'와 아방가르드라는 '신예술'의 행복한 결합에 주목하여 이 시집을 페루에서 새로운 시의 출현으로 자리매김한다. 이 시집은 많은 부수가 유통되지는 않았지만 평단에서 상당히 호의적인 평가를 받았는데, 어쩌면 바예호는 그 평가에 기대 평생 시인으로 살아갔는지도 모르겠다.

1922년 출간된 두 번째 시집 『트릴세』는 초판 200부를 찍은 얄팍한 책으로 일련번호가 매겨진 77편의 연작시로 이루어져 있다. 스페인어에는 없는 신조어를 사용한 시집 제목이 흥미를 끈다. 여기에는 여러 이설이 존재한다. 한 바예호 전기 작가에 따르면, 원래는 시집 제목이 '청동 두개골Cráneos de bronce'이었는데 친구들의 조언을 받아들여 변경하려고 했을 때 이미 앞부분 인쇄가 끝나버려 재작업을 위해 3tres 리브라의 추가 비용이 발생했고, 걱정이 된 바예호가 'tres'를 되뇌다 어느 순간 'trilce'가 튀어나왔다는 것이다. 그런데 정작 바예호 자신은 1931년 한 인터뷰에서 적당한 제목을 찾지 못하다가 만들어낸 울림 좋은 단어일 뿐 아무 의미가 없다고 밝힌 바 있다. 여기에 일부 바예호 연구자들은 '슬픈triste'과 '달콤한dulce'이라는 두 형용사가 결합된 모순어법적 합성어라는 해석을 덧붙였고, 국내에서도 이를 살려 '쓰달픔'이라는 제목으로 소개되기도 했다. 시인의 고향에 서식하는 꽃 이름이라는 설도 있다. 파블로 네루다라는 이름의 유래만큼이나 시집 제목의 유래는 오리무중이다.

『트릴세』는 아방가르드 경향의 작품들을 수록하고 있는데, 네루다의 『지상의 거처』와 더불어 라틴아메리카 문학사에서 초현실주의를 대표하는 시집의 하나로 꼽힌다. 그런데 외진 안데스 산지에서 태어난 시인이 서구 중심부의 시인들에 앞서 초현실주의 작품을 내놨다는 것은 잘 납득이 되지 않는다. 아폴리네르Guillaume Apollinaire가 초현실주의 surréalisme라는 말을 만들어낸 것이 1917년이고, 초현실주의가 명확한 형태를 갖추게 된 것은 앙드레 브르통André Breton이 '초현실주의 선언'을 발표한 1924년경이니 말이다. 앞

서 『지상의 거처』에 대해 특정 이즘의 영향을 받았다기보
다는 시인을 둘러싼 환경이 자연스럽게 빚어낸 자생적·토
착적 초현실주의라고 했는데, 『트릴세』도 그렇게 해석해
야 할 것 같다. 표현할 길 없는 아득한 고통을 표현하고자
하는 분투 속에서 일반 독자들은 쉽게 이해할 수 없는 새로
운 차원의 시적 혁신이 이루어진 것이다.

따라서 바예호에게 운율의 파괴나 분열된 언어의 실험
성은 단순한 언어유희가 아니라 치열한 작가적 태도의 다
른 이름이며, 세계의 파편성과 불모성, 소통 불가능성에 대
한 인식을 내용을 넘어 형식에서도 드러내기 위한 수단이
다. 결국 "깊고 깊은 공허감에서 탄생한" 시편들은 역설적
이게도 "가장 자유로운 형식에 몸을 바친" 결과물이 된 것
이다.

그리고 1939년 유고작으로 출간된 두 권의 시집 중 『스
페인이여, 내게서 이 잔을 거두어다오』는 스페인 내전에
관한 15편의 시를 묶은 것이다. 제목은 '주여, 이 잔을 제게
서 거두어주소서'라는 성서 구절에서 따왔다. 이 시집은 네
루다의 『가슴속의 스페인』과 더불어 스페인 내전에 대한
시적 증언으로 문학사에 길이 남아 있으며, 헤럴드 블룸은

『서구의 정전들』부록에서 서구 문학의 고전적인 작품 리스트에 이 책을 포함시키고 있다.

다른 한 권의 유고 시집 『인간적인 시들Poemas humanos 』은 일상적인 구어체 언어로 써 내려간 시편들이 주를 이루는, 그야말로 '인간적인' 시집이다. 『트릴세』에서 시어에 대한 혁신이 절정에 달해 매우 난해했던 시들이 말 그대로 인간적으로 변모한 것이다.

한편, 바예호의 시 세계는 크게 보면 고통과 절망에서 그 극복으로 이행해갔다고 할 수 있다. 생전에 발간된 두 시집이 고통의 시집이라면, 사후에 발간된 두 시집은 고통과 소외를 넘어 희망과 연대의 가능성을 펼쳐 보인다. 그래서 앞의 두 시집에서는 개인적인 자아가 두드러진다면, 뒤의 두 시집에서는 소위 집단적인 자아, 사회적인 자아가 강력하게 부상하는 양상을 보인다. 이러한 변화는 1927년경부터 바예호가 맑시즘과 공산주의에 천착했다는 사실과 무관하지 않을 것이다. 물론 초기의 두 시집에도 후기의 경향이 엄연히 잠재적 가능태로 편재하기에 이러한 판단에는 단순화의 위험이 없지 않다.

소설에 투영된 바예호의 문학적 소신

바예호는 무엇보다 시인으로 알려져 있지만 다양한 장르에서 적지 않은 작품을 남겼다. 그런데 시인으로서는 대단한 평가를 받은 반면 극작품이나 소설은 그에 미치지 못했다. 사실 뛰어난 시인이 동시에 뛰어난 소설가나 극작가인 경우는 드물다. 물론 그 역도 성립한다. 다리오는 몇 차례 장편 소설을 시도했지만 성공을 거두지 못했고, 네루다도 사정은 마찬가지다. 또 빼어난 소설가인 코르타사르는 적지 않은 시와 극작품을 남겼지만 그를 시인이나 극작가로 기억하는 독자는 별로 없다.

물론 예외가 전혀 없는 것은 아니어서 릴케^{Rainer Maria Rilke}의 경우 뛰어난 시인이면서도 『말테의 수기』라는 소설을 썼으며, 오스트리아 여성 시인 잉게보르크 바흐만^{Ingeborg Bachmann}은 『말리나』나 『삼십세』 같은 의미 있는 소설을 남기기도 했다. 라틴아메리카에서는 보르헤스와 볼라뇨의 사례를 들 수 있겠다. 볼라뇨의 문학적 출발점은 다다이즘 성향의 전위주의 시인으로서였다. 칠레 출신으로 10대 때 가족과 함께 멕시코시티로 이주한 그는 문단의 유명 인사였던 파스와 그의 사단에 시비를 걸고 깽판 치는 일에 앞장

서다 훗날 유럽으로 이주하여 소설가로 명성을 얻게 된다. 그러나 볼라뇨는 보르헤스와 마찬가지로 생의 마지막 순간까지 스스로를 시인으로 여겼다.

바예호가 소설가로 크게 평가받지 못했다고는 하지만, 역설적으로 그의 문학적 소신이 가장 잘 투영된 장르는 바로 소설이다. 이데올로기나 이즘이라는 것은 애초에 그의 시와는 잘 어울리지 않는 것이고, 그걸 누구보다 잘 알고 있었기에 소설을 통해 이념적 지향을 드러낸 것이다. 가령 『텅스텐El tungsteno』은 착취당하는 안데스 광산 노동자들의 참상을 고발한 전형적인 프롤레타리아 소설로 사회주의 리얼리즘에 충실한 작품이다. 작가가 1912년 사탕수수 농장에서 회계 보조로 일할 때 목격한 자본주의의 노동 착취와 원주민 노동자들의 참혹한 삶을 그려낸 이 소설은 1931년 마드리드에서 출간되었으나 큰 반응을 얻지 못했다. 지금은 페루 초등학교의 필독서가 된 사회 고발 성격의 동화 『파코 융케Paco Yunke』도 여러 출판사에서 거절당한 끝에 1951년 뒤늦게 빛을 보았다. 이처럼 이데올로기적인 문제로 인해 공들여 쓴 극작품이나 소설은 출판을 거부당하기 일쑤였다.

한편, 바예호는 소련을 세 차례 방문하고 기행문을 쓴 것이 문제가 되어 프랑스에서 추방당하고 이후 한동안 스페인에서 궁핍한 시절을 겪어야 했다. 그런데 1931년에 소련을 방문하고 쓴 마지막 에세이 『1931년 러시아Rusia en 1931』는 단 4개월 만에 3쇄를 찍어 생전에 바예호가 펴낸 책 중에서 유일하게 베스트셀러가 되는 의외의 결과를 낳기도 했다. 친소련적인 행보가 오랫동안 그에게 작가로서의 활동을 옥죄는 족쇄로 작용했다는 점을 생각할 때 정말 아이러니가 아닐 수 없다. 바예호는 다른 옷을 걸치면 너무나 부자연스러운 천생 시인이었기에 극작품이나 소설에 매달릴 시간에 좀 더 많은 시를 남겼다면 얼마나 좋았을까 하는 아쉬움이 있다.

바예호의 영혼을 흔든 사랑과 이별

앞서 보았던 사진은 세사르 바예호와 1927년 열여덟의 나이에 그를 만나 마지막까지 곁을 지켰던 프랑스 여인 조젯의 모습이다. 다리오는 "내 애인은 파리의 여인"이라며 프랑스에 대한 남다른 동경을 드러냈지만, 정작 파리에서 프랑스 여인을 만나 사랑을 꽃피운 이는 안데스 산동네 출신의 가난한 시인 바예호였다.

남아 있는 몇 장 안 되는 사진마다 고독한 잿빛 표정을 짓고 있는 바예호는 예상과 달리 많은 여성과 사랑에 빠진다. 대부분 스치듯 지나간 짧은 인연이었지만, 그의 시를 살펴보면 사랑했던 여인들에 대한 이야기가 도처에 널려 있다. 그렇기에 바예호의 여자관계를 언급하는 것은 그의 시 세계를 이해하는 데 매우 중요한 일이라 하겠다.

하지만 바예호는 네루다처럼 관능적이고 세련된 방식으로 사랑 시를 쓰지 않았고, 다리오처럼 관념화된 이상적 여인의 모습을 형상화하지도 않았다. 그에겐 사랑마저도 고통으로 순환되었다. 한때는 아름다웠지만 결국엔 이별하고, 또 이별은 죽음과 직결된다든가 하는 비감의 스토리가 주를 이루는 것이다.

바예호에게 시적 영감을 선사한 첫 번째 뮤즈는 1916년에 만난 마리아 로사 산도발María Rosa Sandoval이라는 여성으로 『검은 전령』에 수록된 여러 편의 시에 등장한다. 기록을 살펴보면 대단히 지적이고 세련된 여성이라는데, 어느 날 갑자기 종적을 감춰 바예호를 고통에 빠뜨렸다. 그런데 나중에 알고 보니 자신이 폐결핵에 걸린 것을 알고 바예호에게 상처를 주지 않기 위해 떠났던 것으로, 홀로 산속에 들어가서 1918년에 죽음을 맞았다고 한다. 이별의 아픔을 잊기 위해서였을까, 바예호는 마리아 로사가 숨을 거두기도 전인 1917년에 두 번째 연인 미르토Mirto를 만난다. 그러나 그 사랑도 오래가지 못하고 바예호는 좌절감에 자살을 시도하기도 했다.

그 뒤에 인연을 맺은 여인은 오틸리아Otilia Villanueva로 그녀 나이 열다섯에 만나 그야말로 격정적인 사랑을 나눴다. 당시에 바예호는 기간제 교사 비슷한 일을 하고 있었는데, 오틸리아는 동료 교사의 조카였던 듯싶다. 하지만 여자 쪽 집안의 결혼 압박을 이기지 못하고 그녀와도 1919년 헤어지게 된다. 설상가상으로 그 전해에 버팀목이던 어머니마저 세상을 떠난 터라 바예호는 인간적 사랑의 비애와 허무를 절감한다. 이로 인한 절망과 아픔이 『트릴세』의 행간을 가득 채우고 있다.

이 다다이즘적인 시집은 고향의 어머니, 리마에서의 일상, 그리고 수감 생활에 관한 시가 주를 이루지만, 가장 극적인 시편들은 그녀에게 바쳐진 것들이다. 바예호는 서른 네 번째 시에서 그녀와의 이별을 이렇게 노래하고 있다.

결국 다 끝났다. 방학도,

다소곳한 네 가슴도,

가지 말라 매달리던 네 모습도.

한때 육체적 사랑을 "하나의 죄악"으로 여겼던 바예호에게 오틸리아는 "내 영혼"과 같은 존재였고, "커튼 사이로 들어가" "나의 찢긴 날들을 깁던 바늘"이었다. 오틸리아라는 이름자에 운명처럼 끌렸던 것일까. 흥미롭게도 바예호는 그에 앞서 같은 이름을 가진 조카 오틸리아 바예호 감보아Otilia Vallejo Gamboa와 특별한 관계를 맺기도 했다.

다음으로 사랑에 빠진 여성은 파리에 가서 처음 동거했던 앙리에트Henriette Maisse인데, 그녀와는 예외적으로 상당히 긴 시간 관계가 지속됐다. 그리고 사진 속 여성 조젯은 바예호의 유일한 정식 부인으로, 1927년에 만나 1934년에 결혼했으니 죽기 전까지 대략 4년 동안 함께 산 셈이다.

"나는 신이
아픈 날 태어났다"

인간적 체취가 진동하는 예술을 빚다

세사르 바예호가 살아 있을 때 그의 위대함을 알아본 사람
은 많지 않았다. 「세사르 바예호」라는 글에서 마리아테기
가 정의한 대로, 바예호는 "장마당 음유 시인들에게조차
기꺼이 월계관을 씌워주는 리마의 거리에서도 무시당한
위대한 무명 시인"이었다. 같은 페루 작가인 바르가스 요
사도 그를 가리켜 "고독과 동행한 삶을 산 사람이었고, 최
근에 와서야 우리는 비로소 그의 시가 지닌 위대함을 깨닫
게 되었다"고 아쉬움을 토로한 바 있다.

바예호는 다리오나 네루다와 달리 살아생전 어떤 변변
한 영광도 얻지 못하고 이국땅에서 눈을 감았지만 뒤늦게

작품의 진면모가 (재)발견됨으로써 사후에 불멸의 삶을 누리게 된다. 영국의 시인이자 비평가인 세이머 스미스Martin Seymour-Smith는 그를 가리켜 "모든 언어를 통틀어 20세기의 가장 위대한 시인"이라고까지 칭송했다(바예호에 대한 평가는 다산책방에서 펴낸 바예호 시선 『오늘처럼 인생이 싫었던 날은』의 추천 글을 일부 참조했다). 그런데 가르시아 마르케스도 네루다를 두고 같은 말을 하지 않았던가. 난감한 일이다. 누구 손을 들어줘야 하나.

또한 우리 시대의 영적 스승인 토머스 머튼Thomas Merton은 바예호에 대해 "단테 이후 가장 위대한 보편적 시인"이라고 했는데, 자신의 고통이 부조리한 세상을 살아가는 모든 인간의 고통이며, 그 고통을 어떻게 견디고 이겨낼 것인가도 우리 모두의 고민이라는 사실을 일깨워준다는 의미에서 그렇게 말했으리라. 머튼은 수도사이기도 하니 그의 말은 다분히 종교적 의미를 내포하고 있다. '가톨릭' 자체가 보편적이라는 뜻을 가진 단어가 아닌가. 같은 맥락에서 바예호의 벗이자 비평가인 오레고Antenor Orrego는 이렇게 말한 바 있다. "바예호는 개인적으로 말하고 언어를 개별화시킨다. 그러나 보편적으로 생각하고 느끼고 사랑한다."

이처럼 바예호는 다리오나 네루다처럼 나를 따르라며 전위에 나서지 않고도 인간을 누구보다 깊이 읽어냄으로써 독자의 공감을 얻은 시인이다. 흔히들 세상을 움직이는 것은 굶주림과 사랑이라고 하는데, 바예호에게 딱 들어맞는 말인 것 같다. 그는 굶주림과 사랑을 함께 버무려 예술로 빚어낸 진정한 시인이었고 누구보다 사람 냄새 진동하는 시를 남겼다. 정현종 시인도 비슷한 맥락에서 '진짜' 시인 바예호의 "비상한 진정성"에 주목한다.

세상에는 여러 가지 시가 있고 또 그것들을 평가하는 기준도 여러 가지가 있을 수 있겠으나, 어떤 종류의 작품이든지 간에 그게 진짜냐 가짜냐 하는 걸 판별하는 궁극적인 기준이 진정성이라고 할 때, 바예호는 진짜 시인임에 틀림없다. 읽는 사람의 가슴을 흔드는 그 고유의 강렬함과 밀도는 또한 그의 비상한 진정성의 소산인 것이다.

바예호의 트레이드마크를 인간적 체취와 진정성이라고 할 때 전적으로 공감이 가는 말이다. 그는 "전적으로 진정한 시인"이며 시인이기 이전에 한 인간이었다.

인간은 기침하는 슬픈 존재

바예호의 초기 작품을 통해 그가 인간과 삶에 대해 어떻게 표현하고 있는지 살펴보자. 첫 시집 『검은 전령』에 수록된 마지막 시는 이렇게 시작한다.

나는 신神이
아픈 날 태어났다.

시에서 후렴구처럼 반복되는 이 문장은 고통이라는 것은 내가 살아가면서 생겨난 것이 아니라 애초부터 가지고 태어난 운명임을 말한다. 평생 시인을 옥죈 이 탄식에는 자신을 "기침하는 슬픈 존재"로 태어나게 한 신에 대한 원망이 담겨 있다. 「영원한 주사위Los dados eternos」라는 시에도 현실과 유리된 아득한 존재인 신에 대한 불평과 피조물인 인간의 고통을 보듬어줄 '인간적인 신'에 대한 염원이 잘 드러나 있다.

주님, 살아 있기에 저는 울고 있습니다.
당신의 빵을 먹은 것을 후회합니다.

그러나 생각에 잠긴 이 가련한 진흙은

당신 옆구리의 딱지 앉은 상처가 아닙니다.

당신께는 곁을 떠나갈 마리아들도 없지 않습니까!

주님, 만일 당신께서 인간이셨다면,

오늘 하느님이 되는 법을 아셨을 테지요. (…)

여기에서 눈길을 끄는 것은 "당신께는 곁을 떠나갈 마리아들도 없지 않습니까!"라는 구절이다. 이게 도대체 무슨 말일까? 바예호에게 의미가 되었던 소중한 사람들의 죽음을 이야기하는 것이다. 어머니의 이름이 마리아였고, 또한 누이의 이름이 마리아였으며, 또 뜨거운 사랑을 나눴던 첫사랑, 만난 지 2년 만에 폐결핵으로 숨을 거둔 그 첫사랑의 이름도 마리아였다. 자신이 사랑했던 여러 마리아들이 곁을 떠났는데, 당신은 당신을 떠날 마리아도 없지 않느냐며 "멀리 계시는" 신을 타박하고 있는 것이다. 그들을 왜 데려가셨느냐는 원망 섞인 타박이다.

그런데 실상 바예호에게 신은 그렇게 먼 존재가 아니었다. 어린 시절 그의 꿈은 사제가 되는 것이었다. 그래서인지 신에 대한 원망이 드러나더라도 신의 존재를 철저하게 부정하는 무신론자는 아니었다. 때로는 시인의 연민이 인간을 넘어 신을 향하기도 한다.

> 그리고 당신은, 얼마나 눈물 흘리실지… 빙빙 도는
>
> 그 거대한 가슴과 사랑에 빠진 당신은…
>
> 하느님, 당신을 찬미합니다, 큰 사랑 주시니,
>
> 결코 미소 짓지 않으시니, 항상 찢어질 듯
>
> 가슴 아프시리니.

『검은 전령』 전체를 관통하는 이러한 고통과 비감의 정서가 집중적으로 표출되어 있는 표제시를 보자.

> 사노라면 겪는 고통, 너무도 심한… 모르겠어!
>
> 신의 증오 같은 고통. 그 앞에서는
>
> 지금껏 겪어온 모든 괴로움이
>
> 바닷물처럼 밀려와 영혼에 고이는 듯… 모르겠어!

> 자주는 아니지만 고통은 고통이지… 거친 얼굴에도

단단한 등짝에도 어두운 골을 파놓네…
어쩌면 그건 야만스러운 아틸라의 기마병, 아니면
죽음의 신이 우리에게 보내는 검은 전령.

그건 영혼의 구세주의, 운명의 신이 저주하는
칭송할 만한 어떤 믿음의 까마득한 추락.
우리가 손꼽아 기다리던 빵이 화덕 앞에서
타닥거리며 타버릴 때의 처참한 고통.

그러면 가련한… 가련한… 사람! 고개를 돌리네,
누가 어깨라도 치는 양,
망연한 눈길로 돌아보네. 살아온 모든 순간들은,
회한의 웅덩이처럼, 그의 눈에 고이고.

사노라면 겪는 고통, 너무나 심한… 모르겠어!

자신의 삶을 옥죄는 고통이 분명히 있지만 그 이유를 모르겠다는 것, '모르겠어!'라는 탄식은 바예호의 시를 지배하는 키워드 중 하나이자 형이상학적 절규다. 이 시에서 화자는 자신이 겪는 참담한 고통을 "손꼽아 기다리던 빵이 화덕 앞에서 / 타닥거리며 타버릴 때"의 안타까움에 비유한다. 이것은 원래 다 된 일이 마지막 순간 수포로 돌아갔을 때 쓰는 표현이라는데, 바예호의 실제 삶과 연결시키면 추상적 실체가 아니라 구체적인 감각의 이미지에 육박하는 실감나는 표현이 아닐 수 없다.

생각해보자. 어린 시절의 바예호는 다른 열 명의 형제 중 손위 누이 둘과 1915년에 일찍 세상을 뜨는 형 미겔Miguel, 이렇게 넷이 주로 지냈다. 걸신들린 네 '거지들'에게 어머니는 "계란 노른자로 빵을 구워주시던 제빵 기계"같은 존재였다. 어린것들이 주린 배를 움켜쥐고 올망졸망 쪼그리고 앉아 어머니가 굽고 있는 빵을 간절히 기다리고 있는데 그게 눈앞에서 타버린다! 그 안타까움이 손에 잡힐 듯 선명하다.

다정함과 자애로움으로 가득한 염세주의

바예호는 원주민과 백인 혈통을 다 가지고 있는데, 외할머니와 친할머니가 인디오 출신이고 양쪽 할아버지 두 분은 스페인 갈리시아 출신이라 그 두 혈통을 이어받은 것이다.

바예호의 사진 속 얼굴을 보면 메스티소의 특징적인 모습들이 잘 드러나 있다.

그리고 바예호가 메스티소, 즉 촐로^{cholo}라는 사실은 그의 시의 분위기와 밀착돼 있다. 선주민 전통이 강하게 남아 있는 산악 지대 환경에서 자랐기 때문에 대도시를 떠돌면서도 늘 고향에 대한 노스탤지어를 강하게 느꼈고, 가족과 떨어져 있다는 고아 의식에 시달렸던 것이다.

바예호는 페루가 낳은 위대한 사상가 마리아테기와 함께 선주민주의 운동을 전개하기도 했다. 문화 종속에 대한 저항을 통해 원래는 그 땅의 주인이었으나 핍박받는 존재로 전락한 인디오들의 잃어버린 권리를 되찾음으로써 새로운 페루 전통을 구축하자는 문화 갱생 운동이 바로 선주민주의다. 이처럼 잃어버린 뿌리에 대한 관심과 그 뿌리를 이룬 사람들에 대한 애정 같은 것들이 바예호 시의 근간을 이룬다고 볼 수 있다. 이런 의미에서 마리아테기는 앞서 언급한 「세사르 바예호」라는 글에서 서정적인 순수로 잉태한 향수를 바예호 선주민주의의 특징으로 제시하고 있다. 그의 지적대로, 다정함과 자애로움 가득한 바예호의 염세주의는 페루 선주민의 영적 태도를 응축하며, 결코 절망적이고 격앙된 자기중심주의, 나르시시즘으로 추락하지 않는다.

그런데 바예호 삶에서 가장 큰 난관은 가난이었다. 대학 진학을 위해 트루히요나 리마로 거처를 옮기고 그곳에서 법대, 의대 등 여러 대학에 입학하지만 학비를 감당하지 못해 중도에 포기하고 만다. 학비를 벌기 위해 여러 직업을 전전하느라 등록과 휴학을 반복하다 지쳐 다시 고향으로 돌아가곤 하는 다람쥐 쳇바퀴 같은 삶을 살다가 결국 지치고 지친 상태에서 파리로 떠나게 된 것이다. 파리로 떠나면서도 동행한 친구에게 "소식하는 습관을 들이도록 해봐. 우린 파리에서 돌멩이를 먹게 될 테니 말이야"라고 말했을 정도로 바예호에게 가난과 배고픔은 아무리 몸부림쳐도 벗어날 수 없는 깊은 수렁과도 같은 것이었다.

「비참한 저녁 식사La cena miserable」라는 시에서 시인은 끝없이 계속되는 고통의 원인이 배고픔에 있음을 말하고 있다.

이제껏 고통을 겪었는데 언제까지
의심을 품고 살아야 하는 걸까…
우리는 이미 너무 많이

식탁에 앉아 쓰라림을 삼켰다. 배가 고파

한밤중에 잠 못 이루고 우는 아이처럼…

끝없는 아침나절, 누구도 아침을 거르지 않고

타인들을 만날 수 있게 되는 건 언제쯤일까.

이곳으로 데려와 달라고 한 적 없는데,

언제까지 이 눈물의 계곡에 머물러야 하는 걸까.

　바예호는 누가 죽었다고 할 때도 "이제 오늘 점심은 못 먹는다"라고 표현한다. 또 어머니의 부재를 탄식할 때도, "조금 전 홀로 점심을 먹었다. 어머니도, / '먹어도 돼요?' 도, '어서 먹으렴'도, 물도 없었다"고 일상의 한 토막을 환기시키는 실감나는 표현을 동원한다.

　가난이 아니더라도 그의 삶은 매우 불운했다. 여성들과의 관계도 대부분 불행으로 귀결되었고, 이유 없이 방화범으로 몰려 112일 동안이나 부당하게 옥살이를 하기도 했다. 「흰 돌 위에 검은 돌 Piedra negra sobre una piedra blanca」이라는 시에서 탄식하고 있듯이, 살면서 누구에게 잘못한 일도 없는데, 두들겨 맞고 피 흘리는 핍박과 고난의 삶을 살아야만 했다.

세사르 바예호는 죽었다. 아무 짓

안 해도 모두들 그를 치고 때렸다.

심하게 몽둥이질을 해대고, 또

사정없이 채찍을 휘둘렀다.

목요일, 상박골, 고독, 비, 길…

이것들이 그 증인이다.

　삶을 통해 끝없이 되풀이된 그러한 불행은 시인의 겸허하고 내밀한 자아를 벼려냈다. 특히나 "인생에서 가장 심각한 위기의 순간"이었던 잔혹한 수감 생활은 바예호를 더 인간적인 시인으로 성숙시키고 『트릴세』라는 탁월한 시집을 낳게 했으니, 독자로서는 행운이라고 해야 할까.

체 게바라는 왜 바예호의
시를 읽었을까

절절한 그리움이자 문학적 기둥

세사르 바예호는 자신의 고통과 불행에 탄식하고 절규하
던 시기를 지나 서서히 그 고통을 관조하는 단계에 다다른
다. 파리 체류 시절에 쓴 산문시 「희망에 대해 말하겠다Voy a
hablar de la esperanza」를 보자.

나는 이 고통을 세사르 바예호로서 겪는 게 아니다. 지금 예술
가나 인간으로서 고통받는 것도, 한낱 생명체로서 고통받는 것
도 아니다. (…) 내 이름이 세사르 바예호가 아니어도 똑같은 고
통을 겪을 것이다. 예술가가 아니어도 고통받을 것이다. 인간이
아니어도, 생명체가 아니어도 그 고통을 겪을 것이다. (…) 오늘

은 가슴 깊은 곳에서 괴로워하고 있다. 오늘은 그저 고통스러울 뿐이다.

절망과 희망의 역설이 구사된 이 시에서 우리는 바예호가 자신이 겪는 고통을 인간 보편의 고통으로 받아들이는 모습을 엿볼 수 있다. 자신이 인간 사회의 아주 예외적인 존재라서 고통을 겪는 것이 아니라, 자신의 고통은 보편적인 인간이 겪을 수 있는 고통이라고 생각하는 것이다.

바예호의 위대함은 이처럼 자신의 고통과 불행한 운명을 타인과 공유하고 남의 고통을 나의 것으로 받아들인다는 데 있다. 동정이나 연민을 뜻하는 '컴패션compassion'은 기독교적으로 얘기하면 인간의 죄를 대신 짊어지고 희생하신 예수의 수난Passion을 함께한다는 말이 아닌가.

그렇다면 고통과 불행을 넘어 연민으로 우리와 동행하는 그 힘은 어디에서 나올 수 있었을까? 신일까? 아니다. 그것은 바로 가족애였다. 어머니를 중심으로 한 가족애가 바예호의 삶과 문학을 떠받치고 있다고 해도 과언이 아니다. 바예호에게는 사랑하는 가족과 그를 품었던 안데스가 있었다. 그는 자신이 떠나온 세계로 되돌아가려는, 그리하

여 행복했던 시절의 자신을 복원하려는 시도를 결코 멈추
지 않았다.

앞서 언급한 대로『트릴세』는 시어와 구문의 대담성, 언
어유희, 혁신적인 이미지와 은유가 두드러지는 전위주의
적인 작품으로 아주 난해하다는 평가를 받는다. 이런 이유
로 이 시집은 출판되고도 오랫동안 비평가들과 독자들 사
이에 미지의 섬처럼 남아 있었지만, 시인의 삶을 이해하면
생각만큼 난해하지 않을 수 있다. 오지 않는 어머니를 기다
리는 어린아이의 불안한 심경을 담은 세 번째 시를 보자.

어른들은
몇 시에 돌아오실까?
눈먼 산티아고는 여섯 시를 치는데,
날은 저물어 깜깜한데.

엄마는 늦지 않으마 하셨는데. (…)
아게디타? 나티바? 미겔?
이름을 부르며 어둠 속을 더듬어 찾는다.
나만 홀로 남겨두면 안 돼,

나만 홀로 가둬두면 안 돼.

장에 가셨는지, 아니면 일을 나가셨는지, 그것도 아니면 아예 먼 길을 떠나셨는지 올망졸망한 어린 자식들을 놓아두고 집을 비운 엄마를 기다리며 두 누이와 형을 찾는 시인의 모습이 그려진다. 하나 둘 자신을 남겨두고 떠나간 이들의 이름을 애타게 부르는 마지막 부분에서 자신의 든든한 후원자였던 가족이 이제는 곁에 없다는 고아 의식이 두드러진다.

앞서 말한 대로 바예호는 1920년 고향에 돌아갔다가 아무 죄 없이 방화범으로 몰려 옥에 갇힌다. 지면을 통해 맑시즘에 기반을 둔 학생 운동을 이념적으로 지지한 데 대한 명백한 정치적 탄압이었다. 「트릴세 18」은 이때의 심경을 그린 시다.

오 감방의 네 벽.
아 어김없이 항상 같은 숫자를
내놓는 새하얀 네 벽.

신경이 증식하는 요람, 치명적인 갈라진 틈새,

날마다 네 귀퉁이로 족쇄 채운

팔다리를 어찌나 끌어당기는지.

수많은 열쇠를 지닌 자애로운 파수꾼이여,

당신이 여기 계시면, 얼마나 늦은 시간까지

이 벽들이 네 개인지 보실 수 있으면 좋으련만.

당신과 함께라면 이 벽들과 싸우는 건 우리 두 사람,

어느 때보다 굳게 뭉친 두 사람. 울지 않으실

거죠, 해방자여!

아 감방의 벽들.

그 중에서도 오늘 밤엔

길쭉한 두 벽이 더 아립니다.

악취가 진동하는 비탈길로 저마다

어린아이의 손을 잡고 걸어가는,

이미 돌아가신 어머니들을 닮은 그 모습이.

감옥의 네 벽면이 하루하루 좁혀들면서 자신을 옥죄는

것 같기도 하고 자신이 그 벽 속으로 빨려 들어가는 것 같기도 한 느낌을 표현했는데, 결국 네 벽 중 긴 두 벽은 어머니가 되고 조금 짧은 두 벽은 어머니 손을 잡고 걸어가는 어린 시절의 자신에 비유된다. 이 시 또한 삶의 버팀목이었던 어머니, 세파에 찌든 자식의 얼굴을 보고는 "얘야, 어쩜 이렇게 삭았니!"라며 눈시울을 붉히던 어머니에 대한 그리움을 표현한 것이다. 바예호는 자식이 열둘이나 되는 대가족의 막내로 태어났다. 장남인 빅토르Víctor와는 나이 차이가 상당해서 어떤 시에 보면, 너무 늙어서 큰형이 어머니 동생 같다는 표현도 나온다. 그러니 어머니는 바예호가 어렸을 때 이미 연로하셨을 테고, 그 연로한 어머니 눈에 객지에서 고생하며 살아가는 막내아들의 여윈 얼굴이 얼마나 안타깝고 가여워 보였을까.

「트릴세 65」도 마찬가지로 어머니에 대한 절절한 그리움이 묻어나는 시다. 이제 시인의 손을 잡아줄 어머니는 이 세상에 없다. 그러나 시인에게 어머니는 절망적이고 비루한 자신의 삶을 지탱해주고 가난, 소외, 고통과의 힘겨운 싸움을 견디게 해주는 견고한 '기둥'이다. 결국 우리 눈에 보이지 않는 '숨은 신'의 자리를 대신한 것은 바로 어머니였던 것이다. 바예호의 어머니는 『검은 전령』이 출간되기 직전인 1918년 8월 8일 세상을 떠났지만, 타인의 아픔까지도 감싸 안을 수 있게 해주는 성화한 존재로 평생 시인의 가슴에 남는다.

그래요, 돌아가셨지만 당신은 영원히 살아 계십니다.
오열로도 쓰러뜨릴 수 없고,
운명의 신조차 그 옆구리에
손가락 하나 집어넣을 수 없는,
당신의 뼈로 세워진 줄기둥 사이에.

그래요, 돌아가셨지만 당신은 영원히 살아 계십니다.
그래요.

하지만 바예호에게 어머니만 소중했던 것은 아니다. 아버지는 대단히 엄격한 분으로 감정 표현에 서툴렀지만, 가난 때문에 공부도 제대로 못하고 번번이 낙향하는 자식을 지켜보면서 얼마나 상심이 컸겠는가. 다음 시는 산처럼 크고 강철같이 단단했던 아버지가 늙어가면서 서서히 무너져내리는 모습을 절제된 언어로 노래하고 있다.

> 아버지는, 새들이 울어대는
> 아침녘이면, 당신의 78세를,
> 당신의 일흔여덟 겨울 나뭇가지를
> 힘겹게 볕에 내놓으신다.

78세로 이제 기력도 없는 아버지가 방에 널브러져 있다가 노구를 이끌고 겨우 햇살이 비치는 곳으로 나오셨다는 얘기를 앙상한 "일흔여덟 겨울 나뭇가지"에 비유하고 있는 것이다. 1924년 84세로 눈을 감을 때까지 하루하루 늙어가는 아버지에 대한 연민과 안타까움이 절절하다.

누구나 동경하는 모더니티의 성지 파리로 떠났지만 바예호의 마음속에는 부모 형제가 있는 고향밖에 없었다. 페루에서 유럽으로 가는 배 안에서 쓴 「양식良識, El buen sentido」이라는 시에서 그는 돌아가신 어머니를 그리며 파리를 이렇게 표현했다.

> 어머니, 세상엔 파리라는 이름을 가진 곳이 있어요. 엄청 크고

아득히 멀고 정말 거대한 곳이랍니다.

    화자는 영혼의 영원한 안식처인 안데스와는 동떨어진 대도시에서 펼쳐질 회색빛 삶에 대한 거부감과 두려움을 드러내고 있다. 부초처럼 세상을 유랑해야 했던 이방인의 삶에서, 인간성 상실이나 소외, 부조리 등이 신화가 사라진 도시의 삶을 표상한다면, 자연이나 순수, 문명 세계의 불모성과 폭력성에 침윤되지 않은 원초적 생명력 등을 상징하는 것은 바로 안데스 산악 지대의 삶이었던 것이다.

"형! 너무 늦게까지 숨어 있으면 안 돼"

앞서 살펴본 대로 바예호는 자신의 고통을 넘어서기 위해 무엇보다 가족의 사랑에 기댄다. 그래서 끊임없이 고향이며 뿔뿔이 흩어져 사는 가족을 시 안에서 소환하는데, 그런 그에게 1915년 형 미겔의 죽음은 엄청난 충격이자 공포였다. 「미겔 형에게 A mi hermano Miguel」는 바예호가 어린 시절 형과 함께 술래잡기를 하며 놀던 장면을 떠올리며 쓴 시다. 개인적으로 이처럼 가슴이 먹먹해지도록 감동받은 시는 별로 없다. 여기에서 바예호가 '쌍둥이'로 부르고 있는 미겔은 바로 손위 형제로 시인의 가장 가까운 놀이 친구였다.

형, 오늘 난 집 돌 벤치에 앉아 있어,

형이 없으니까 집안이 텅 빈 것 같아.

이맘때면 같이 놀았던 게 생각나. 엄마는

우리를 쓰다듬으며 말씀하셨지. "아이고, 요놈들아…"

저녁 기도 시간이면

늘 그랬듯이,

지금은 내가 숨을 차례야. 형이 나를 찾지 못해야 할 텐데.

대청마루, 현관, 통로.

다음에는 형이 숨고, 나는 형을 찾지 못해야 해.

술래잡기를 하다가 우리가

울음을 터뜨렸던 일이 생각나.

형! 8월 어느 날 밤,

형은 새벽녘에 숨었어.

그런데, 웃으며 숨는 대신 슬픈 얼굴이었지.

가버린 시절 그 오후의 형의 쌍둥이는

지금 형을 못 찾아 따분해졌어. 벌써

어둠이 영혼에 고이는걸.

형! 너무 늦게까지 숨어 있으면 안 돼.

알았지? 엄마가 걱정하시잖아.

이렇게 대화하듯 써 내려가는 구어체 시의 특성은 네루다나 다리오에게서는 찾아보기 힘든 차원에 속한다. 바예호의 시에서 경험은 매우 구체적이며, 그의 시를 지배하는 것은 현실과 동떨어진 은유가 아니라, 박동하는 현실을 강하게 환기시키는 환유다. 이 시에서 8월 어느 날 밤 형이 숨었다는 것은 그가 죽었다는 말이다. 사랑하는 형이 떠나고 횅뎅그렁하게 남은 집. 어린 시절의 숨바꼭질과 죽음을 연결시켜 애틋한 형제애와 혼자 남은 자의 고독을 노래하는 가운데, 마지막 연이 자아내는 절정의 슬픔은 압권이라 하겠다. 절제된 표현 속 가득히 사랑과 비애가 들어찬 이 시행들은 가슴으로 읽어야 한다.

가난한 사람들 곁에서 인류 보편의 고통을 노래한 시인

바예호는 개인으로서 감당해야 하는 고통, 설령 그게 인간 보편의 고통이라고 해도 그것을 신에 대한 원망으로 표출하거나 아니면 좋았던 옛 시절에 대한 회상으로 풀어내는 데 그치지 않고 가족애를 타인에 대한 사랑으로 확장시킨다. 가난한 이들에 대한 동정과 연민이 담겨 있는 「일용할 양식El pan nuestro」을 보자.

문이란 문은 다 두드려,

낯모르는 이에게 안부를 묻고 싶다. 그러고는

숨 죽여 흐느끼는 가난한 이들을 만나

모두에게 갓 구운 빵 조각을 건네고 싶다.

한 줄기 강렬한 빛이

십자가에 박힌 못을 빼내어

성스러운 두 손으로

부자들의 포도밭에서 먹을 것을 훔치고 싶다!

아침의 속눈썹이여, 제발 일어나지 마라!

주님,

저희에게 일용할 양식을 주소서…!

내 몸의 뼈는 죄다 남의 것이다.

어쩌면 훔친 건지도 몰라!

아마도 다른 사람 몫을

내가 빼앗은 거겠지.

내가 태어나지 않았다면,

다른 가난한 이가 이 커피를 마시련만!

나는 못된 도둑… 어찌할거나.

이 차가운 시간, 흙이 인간의

먼지로 변하는 서글픈 시간,

문이란 문은 다 두드려,

낯모르는 이에게 용서를 빌고,

여기 내 가슴의 화덕에서

신선한 빵 조각을 구워주고 싶다…!

일어나도 먹을 게 없으니 아침에 제발 눈이 떠지지 않기를 바라는 마음을 헤아릴 수 있겠는가. 바예호는 평생 가난 때문에 고통받았으면서도 타인의 배고픔을 자신의 책임으로 받아들이며 스스로를 "못된 도둑"으로 고발하는 진정한 의미의 연민을 품는다. 그것은 단순히 누군가를 불쌍히 여기는 것이 아니라 개인적 고통을 인류 보편의 고통으로 확장시키고 그 고통을 희망을 빼앗긴 헐벗은 사람들과 함께 나눈다는 의미에서의 동정이다.

죽음을 1년 앞두고 쓴 「한 사내가 어깨에 빵을 메고…Un hombre pasa con un pan al hombro…」라는 시는 매우 독특한 형식으로 타인에 대한 따뜻한 관심을 표현한 시다. 사내가 빵을 어깨에 메고 있다는 것은 하루하루 빵을 벌기 위해 고통받으며 살아갈 수밖에 없는 존재로서의 인간을 암시한다.

대조와 대구가 2행으로 모두 연결된 이 시는, 앞의 시행에서는 눈에 보이는 부조리한 세계의 일상을 이야기하고, 뒤의 시행에서는 폼 나는 관념적 고민으로 가득 찬 시적 자아의 자기성찰적 사고의 흐름을 드러내고 있다.

한 사내가 어깨에 빵을 메고 지나간다.
그런데, 나중에, 나의 분신에 대해 글을 쓴다고?

다른 사내가 자리에 앉아 몸을 긁더니, 겨드랑이에서 이를 집어내, 죽인다.

무슨 용기로 정신분석학에 대해 말하지?

다른 사내가 손에 몽둥이를 들고 내 가슴으로 들어왔다.

그런데 의사한테 소크라테스에 대해 말한다고?

절름발이가 한쪽 팔로 어린애를 부축하고 지나간다.

그런데, 나중에, 앙드레 브르통을 읽는다고?

위 시행들은 세상의 온갖 부조리를 외면하고 나만의 형이상학적인 시 세계를 펼쳐간다는 것이 얼마나 정당화될 수 없는 일인지, 시인으로서의 진정성 있는 고뇌의 모습을 날카로운 대조를 통해서 보여주고 있다. 시적 자아의 분열적 태도가 투영된 대조는 계속 이어지는데, "미장이가 지붕에서 떨어져 죽는다. 이제 오늘 점심은 못 먹는다. / 그런데 나중에 수사법과 은유를 혁신한다고? (…) 한 장사꾼이 손님에게 무게를 1그램 속인다. / 나중에 4차원에 대해 말한다?" 등 비인간적인 참담한 현실 앞에서 허황된 문학적 고뇌나 지식인의 고상한 몸짓이 얼마나 뜬금없는 허상인지를 이야기하는 것이다. 각 연의 두 번째 행은 결국 사회적 불의 앞에서의 자기 반성이자 시인 자신의 가슴에 새기는 굳은 맹세인 셈이다.

한 걸음 더 나아가 「박수와 기타^{Palmas y guitarra}」 같은 시에서는 부조리한 현실에 대한 분노를 넘어 희망의 메시지를 던지기도 한다.

> 지금,
>
> 손을 잡아끌고, 우리 사이로,
>
> 너의 감미로운 사람을 데려오렴.
>
> 함께 저녁을 먹고, 잠시 하나의 삶을 두 개의 삶으로
>
> 만들자. 하나는 우리의 죽음에 줘버리자.
>
> 지금, 함께 오렴. 제발
>
> 노래를 좀 불러다오,
>
> 그리고 네 영혼으로 기타를 쳐다오, 손뼉을 치며.

'나'가 아닌 '우리'를 통해 죽음을 넘어서고자 하는 희망의 전망은 시인의 깊은 고뇌와 성찰의 육화^{肉化}를 통해 얻어

진 것이다. 『스페인이여, 내게서 이 잔을 거두어다오』에 실려 있는 「군중Masa」이라는 시에서 이러한 전망은 좀 더 구체화된다. 원시에는 1937년 11월 10일에 이 시를 썼다고 적혀 있는데, 그렇다면 스페인 내전에 대한 시적 증언이라고 할 수 있겠다.

전투가 끝나고,
죽은 전사에게 한 사람이 다가와
말했다: "죽지 마! 내가 너를 얼마나 사랑하는데!"
그러나 아아! 시신은 계속 죽어갔다.

두 사람이 와서 말했다:
"우리를 두고 가지 마! 힘을 내! 다시 살아나!"
그러나 아아! 시신은 계속 죽어갔다.

스물, 백, 천, 오십만의 사람들이 와서
절규했다: "한없는 사랑도 죽음 앞에서는 아무 소용이 없구나!"
그러나 아아! 시신은 계속 죽어갔다.

수백만 명이 모여들어

한 목소리로 애원했다: "형제여, 여기 있어줘!"

그러나 아아! 시신은 계속 죽어갔다.

그러자 세상 사람 모두가

그를 에워쌌다. 슬픈 시신은 감격하여 그들을 보았다.

그리고 천천히 몸을 일으켜,

맨 처음에 온 사람을 껴안았다. 그리고 걷기 시작했다…

전투가 벌어지고 누군가 죽어가고 있는 상황에서 기적이 행해졌다. 죽었던 전사가 다시 일어나 "맨 처음에 온 사람을 껴안"는 행위는 폭력적 세계에 항거하는 진정한 인간적 연대의 표상이다. 이제 군중은 개인이 아닌 집단적 주체로서의 '우리'로 거듭난다. 이처럼 바예호는 개인적 소외와 고통 속에서도 "이 땅의 모든 구멍에 당신[어머니]의 / 사랑 방정식을 대입"하며 힘없고 가난한 사람들 편에 서서 고통 없는 새로운 세상에 대한 비전을 제시하고자 했다.

맑시즘과 공산주의를 신봉했던 바예호는 스페인 내전에서 현실과 이상의 괴리를 목도하고 회의하기도 하지만 그의 시를 떠받치는 민중과의 연대의식은 변함없이 유지되며 그 바탕에는 인간에 대한 곧은 믿음과 사랑이 자리하고 있다. 황현산의 표현을 빌려 말하자면, 바예호에게 시는 "우리가 상상했던 것이 이 세상의 것이 될 수 있다는 믿음"을 "포기하지 않음의 윤리이며 그 기술"인 것이다. 여기에서 죽음을 넘어 지속되는 삶의 이야기는 요한복음 11장에 나오는, 죽은 나사로를 살린 예수의 기적을 떠올려준다. 한때 신을 원망하기도 했지만, 성서는 바예호의 창작의 원천이며 그의 삶과 문학이 가톨릭 신앙에 뿌리를 두고 있음을 잘 보여주는 대목이다.

닮았지만 다른 네루다와 바예호

네루다와 바예호는 비슷하면서도 다르다. '나의 노래'에서 '우리의 노래'로 나아간 점은 같다. 스페인 내전이라는 공통분모를 갖고 두 시인 모두 고독에서 연대로 나아갔으며 타인과 함께하는 연대에서 희망을 발견했다. 그러나 그 표현 방식은 사뭇 다르다. 네루다는 「그 이유를 말해주지」에서 '거리에 뿌려진 피를 보라'고 목청을 높이지만, 바예호의 시는 그렇게 소리 높여 외치지 않고도 독자의 마음을 깊이 파고드는 힘이 있다. 그래서 두 시인 다 참여 문학의 범주에 포함시킬 수 있지만 그 색채와 결은 매우 다르다고 하겠다.

그리고 맑시즘과 공산주의를 신봉했다는 점도 공통적이다. 네루다는 자타가 공인하는 스탈린주의자이면서도 동시에 특정 이데올로기에 얽매이지 않는 사상적 자유인의 면모를 보여주었다. 바예호의 경우에는 인간에 대한 깊은 관심과 애정이 맑시즘이라는 이데올로기 지향으로 자연스럽게 이어졌다고 할 수 있다. 다시 말해, 바예호에게 이데올로기는 그의 속살이라기보다는 겉에 걸친 외투와 같은 것이었다. 이렇듯 이데올로기에 경도된 삶의 궤적을 보여주면서도 동시에 두 시인 공히 시대를 앞서간 아방가르드의 시적 혁신을 이루었다는 점도 특기할 만하다.

네루다는 살아생전 널리 알려진 유명 인사였고 항상 추종자들에 둘러싸여 있었으니 파리의 이방인으로 살아간 바예호와 깊이 교우할 기회는 많지 않았다. 그러나 바예호를 마음으로 인정했던 네루다는 스페인 내전 당시 공화파를 위해 함께 일했던 인연 때문인지 그에게 바치는 감동적인 시를 남기고 있다. 『기본적인 송가』에 수록된 「세사르

바예호를 기리는 노래^{Oda a César Vallejo}」라는 시인데, 네루다가
그 숭고함을 찬양한 소박한 것들 중에 바예호가 들어 있다
는 것이 더없이 적절하다는 생각이 든다. 시가 매우 긴데
일부만 살펴보자.

내 노래에서 난 기억한다,

허약한 몸통 위

그대의 거대한

이마,

땅 아래서 갓 파낸

그대 눈 속의

검은 석양,

우툴두툴,

거칠었던

나날들, (…)

그대는 땅속,

여행에서

천천히 돌아오고 있었고,

난 상흔으로 얼룩진

산정에서

문을 두드리고 있었다,

담벼락이

열리라고,

길이

펼쳐지라고, (…)

살아서는 미처 몰랐는데,

죽고 나니 그대가 그립다.

여담이지만 바예호와 네루다는 혁명의 아이콘 체 게바라가 탐독했던 시인들이다. 체 게바라는 늘 노트에 시를 필사해서 읽곤 했는데, 1967년 볼리비아의 밀림에서 체포되었을 때 평소 그가 메고 다니던 홀쭉한 배낭 속에는 네루다, 바예호, 니콜라스 기엔, 레온 펠리페León Felipe의 시 69편이 필사된 녹색 노트가 들어 있었다. 니콜라스 기엔은 카리브 문화의 아프리카적 뿌리에 천착했던 쿠바의 민족 시인이고, 레온 펠리페는 스페인 내전 당시 공화파를 지지하고 오랜 망명생활을 한 스페인의 투사 시인이다.

　『검은 전령』이나 「비참한 저녁 식사」 같은 고통스러운 바예호의 시편들이 네루다의 시와 더불어 체 게바라에게 밀림의 한가운데에서 혁명을 위해 온 몸을 던질 수 있는 용기와 삶에 대한 불타는 의지를 일깨워줬다는 것은 상당한 아이러니다. 분명 그는 절망에서 희망을 길어 올린 바예호 시의 핵심을 꿰뚫어 보았으리라.

Q 묻고

A 답하기

우리나라에도 세사르 바예호 같은 시
인이 있다면 누구를 꼽을 수 있을까?

세사르 바예호는 기형도 시인과 공통점이 많다.
올해로 30주기를 맞은 기형도는 1989년 3월 7일
새벽 종로 2가 심야극장에서 뇌졸중으로 쓸쓸히
숨졌고, 바예호는 1938년 4월 15일 이국땅 파리
에서 46년의 짧은 생을 마감했다.

파리와 서울, 1938년과 1989년이라는 시공간
적 거리를 넘어 두 시인의 삶을 휘감았던 것은 가

난과 소외, 고통 그리고 죽음이었다. 1970, 80년
대 엄혹했던 정치 현실과 시대의 폭력 앞에서 자
기 고립과 좌절에 직면했던 기형도의 삶과 작품
세계는 페루의 시인과 여러 면에서 겹쳐진다. 특
히, 인간과 세계를 어떻게 이해할 것인가에 대한
치열한 고민은 두드러진 공통분모다.

두 시인 모두 어린 시절 겪은 아픔과 가슴속 잿
빛 어둠을 시에 담았다. 무엇보다 고달픈 삶에서
그들에게 존재 이유와도 같았던 이들의 죽음은 치
유하기 힘든 깊은 상처를 남겼다. 바예호에게 어
머니, 누이, 형, 애인의 죽음이 그랬듯, 기형도에
게 1975년 5월 16일 누이의 죽음은 평생 잊히지
않는 화인火印으로 새겨져 그의 시의 원점이 된다.
「가을 무덤-祭亡妹歌(제망매가)」라는 시를 보자.

누이야 / 네 파리한 얼굴에 / 철철 술을 부어주랴 //
시리도록 허연 / 이 零下(영하)의 가을에 / 망초꽃
이불 곱게 덮고 / 웬 잠이 그리도 길더냐. //
풀씨마저 피해 날으는 / 푸석이는 이 자리에 / 빛

바랜 단발머리로 누워 있느냐.

어느 늦가을 황량한 누이의 무덤에서 사랑하는
사람의 부재를 탄식하며 그리움과 상실감을 토로
하는 화자는 가족을 소재로 한 바예호 시의 화자
를 떠올려준다. 「엄마 걱정」도 마찬가지다. 이 시
는 바예호가 썼다고 해도 감쪽같이 속아넘어갈
만큼 「트릴세 3」의 정서와 분위기를 빼다박았다.

열무 삼십 단을 이고

시장에 간 우리 엄마

안 오시네, 해는 시든 지 오래

나는 찬밥처럼 방에 담겨

아무리 천천히 숙제를 해도

엄마 안 오시네, 배춧잎 같은 발소리 타박타박

안 들리네, 어둡고 무서워

금간 창 틈으로 고요히 빗소리

빈방에 혼자 엎드려 훌쩍거리던

아주 먼 옛날

지금도 내 눈시울을 뜨겁게 하는

그 시절, 내 유년의 윗목

　부모 형제와 더불어 가난하지만 행복한 유년
시절을 보낸 바예호에게 과거에 대한 향수는 인
간적인 정, 슬픔, 진정성을 아우른다. 특히 어머
니는 소중하고 눈물겨운 존재로서 절망 속에서도
희망을 꿈꿀 수 있는 힘의 원천이다. 더 나아가 과
거로의 퇴행을 거부하는 그의 향수는 "감성적 저
항 혹은 형이상학적 저항"을 함축한다. 하지만 기
형도의 시에서는 가족이나 고향에 대한 기억이
구원자로서의 긍정적인 역할을 수행하지 못한다.
기형도에게 추억은 흔히 경멸의 대상이며 과거는
생명 없이 죽어 있다.

　「오래된 書籍(서적)」에서 "두려움이 나의 속성
이며 / 미래가 나의 과거이므로 / 나는 존재하는
것, 그러므로 / 용기란 얼마나 무책임한 것인가,
보라"며 자신의 삶을 자조하는 그는 바예호보다

절망과 죽음에 한층 더 가까이 다가가 있다. 어머니조차 그의 수호자가 아니다. 바예호의 어머니처럼 시인의 삶을 떠받치는 '기둥'도, 어둠이 꿰뚫지 못하는 '사랑 방정식'의 소유자도, 배고픈 자식들에게 따뜻한 양식을 건네는 "제빵 기계"도 아니다. 비루한 삶과 세계의 폭력성에 노출된 안타깝고 애처로운 존재일 뿐이다.

감당할 수 없는 철저한 고독과 혹독한 상실의 경험으로 인해 기형도는 그다음 단계로 나아가지 못하고, 김현이 말하는 "도저한 부정성"에 유폐된 채 좌절했는지도 모르겠다. 결국, 죽기 직전에 쓴 「빈집」이 잘 보여주듯, 차례차례 소중했던 것들을 잃고 텅 빈 공간에 갇힌 시인은 스스로 장님이 되어 세상으로 통하는 문이란 문은 다 닫아건 채 작별을 고한다. 하지만 한 줄기 빛도 보이지 않는 아득한 절망과 소통 불가능성이 지배하는 기형도의 시에서도 바예호보다는 약할지라도 이웃에 대한 연민과 연대의식을 찾아볼 수 있다. 「기억할 만한 지나침」이라는 시를 보자.

그리고 나는 우연히 그곳을 지나게 되었다

눈은 퍼부었고 거리는 캄캄했다

움직이지 못하는 건물들은 눈을 뒤집어쓰고

희고 거대한 서류뭉치로 변해갔다

무슨 관공서였는데 희미한 불빛이 새어나왔다

유리창 너머 한 사내가 보였다

그 춥고 큰 방에서 書記(서기)는 혼자 울고 있었다!

눈은 퍼부었고 내 뒤에는 아무도 없었다

침묵을 달아나지 못하게 하느라 나는 거의 고통스
러웠다

어떻게 해야 할까, 나는 중지시킬 수 없었다

나는 그가 울음을 그칠 때까지 창밖에서 떠나지 못
했다

그리고 나는 우연히 지금 그를 떠올리게 되었다

밤은 깊고 텅 빈 사무실 창밖으로 눈이 퍼붓는다

나는 그 사내를 어리석은 자라고 생각하지 않는다

폭설이 내리던 어느 겨울밤 시인은 관공서 앞

을 지나다 우연히 춥고 휑한 방에서 혼자 울고 있는 서기를 보게 된다. 시인은 서기의 아픔을 외면하지 못하고 그가 울음을 그칠 때까지 건물 앞을 서성인다. 낯모르는 타인일지언정 절망에 빠진 사람을 홀로 버려두지 못하고 그의 슬픔에 공감하는 것은 지극히 기형도다운 위로의 방식이다.

물론 부조리한 현실과 마주하는 방식에서 기형도는 바예호와 큰 차이를 보인다. 그는 안데스의 시인처럼 죽음의 숙명성, 세계의 불모성에 맞서 고독에서 연대로 나아가지 못했고, 또 깊은 절망과 허무의 수렁에서 초극적 의지를 펼쳐 보이지도 못했다. 하지만 위 시행들에서 타인의 고통에 대한 기형도 시인의 동정과 연민은 바예호의 그것과 닮은꼴임을 알 수 있다. 때 이른 죽음이 아니었다면, 기형도 역시 스스로를 유폐했던 어두운 골방을 나와 세상을 향해 걸어가지 않았을까.

5부_____

"능욕하지
않으면,

시는
죽을 것이다!"

신성한 전통에
총구를 겨눈
반시인,

니카노르 파라

니카노르 파라는 반시antipoesía를 주창한 시인으로 라틴
아메리카 문학사에 뚜렷한 족적을 남겼다. '안티'정
신으로 무장한 이단아이자 저격수인 그는 일상적인 언
어로 자신만의 언어유희를 보여주고 유머와 아이러니,
풍자를 동원해 시를 엄숙하고 고상한 것으로 여기는 사
회적 통념을 깨트렸다. 파라가 급진적이고 비타협적인
방식으로 과거의 시를 부정하고 다시 세우고자 했던 새
로운 시의 질서와 문법은 무엇이었을까?

"시인이라면 자신만의
사전을 지녀야 한다"

시에 대한 모든 통념을 부정하다

일반적으로 시에 대해서는 쉽게 다가갈 수 없는 난해한 것, 매우 숭고하고 고상한 것으로 생각하는 경향이 있다. 시에 대한 이런 통념과 편견을 철저하게 부정한 시인이 있다. 바로 '반시反詩'라는 개념으로 라틴아메리카 문학사에 확실한 족적을 남긴 니카노르 파라다.

파라는 자신의 작품에서 초지일관 "NO!"를 외쳤다. 앞서 문학사라는 것이 끝없는 부정의 역사라고 말한 바 있는데, 그런 관점에서 본다면 사실 파라의 반시도 특별할 것은 없다. 다만, 아예 반시를 타이틀로 내걸고 다른 시인들이 시도했던 것보다 훨씬 더 집요하고 극단적인 방식으로 안

니카노르 파라(1914~2018)

티 의식을 표출해서 주목받았을 뿐이다. 우리나라에도 '반시反詩'라는 이름의 문학 동인과 '시와 반시'라는 시 전문 계간지가 존재하니 그리 낯선 명칭도 아니다.

그러면 소설에는 안티가 없었을까? 당연히 있었다. 반시에 대응하는 개념으로, 앞서 잠깐 언급했던 '반소설anti-roman' 혹은 누보로망이 있다. 전통적인 소설이 탄탄한 구성이나 줄거리, 또 매우 치밀하고 사실적인 묘사에 바탕하고 있다면, 반소설은 뚜렷한 줄거리도 없고 핍진한 현실 묘사도 없이 작가의 머릿속에 순간적으로 떠오른 기억이나 생각을 재현하는 것이다.

그렇다면 따라갈 눈에 띄는 줄거리도 없는 소설을 독자들은 어떻게 받아들였을까? 아마도 책장을 넘기기가 힘들었을 것이다. 결국 서사적 흥미소가 실종된 소설은 독자를 잃어버리고 소설의 죽음이라는 말이 인구에 회자되는 상황을 맞기도 했다.

이때 혜성처럼 등장해서 세계 문단의 주목을 받은 작가가 바로 가르시아 마르케스다. 대단히 흥미롭고 탄탄한 스토리를 가진 『백년의 고독』은 독창적 상상력으로 독자와 텍스트, 텍스트와 문학 외적 현실의 소통과 유대를 회복하면서 소설의 새로운 지평을 열었다. 그러니까 이미 소설에서도 반소설의 시도가 있었으니, 파라의 반시가 전례 없는 독창적인 작업은 아니라는 것이다.

시 쓰는 물리학자

앞서 살펴본 네루다와 마찬가지로 파라 역시 칠레의 시인이다. 30개가 넘는 라틴아메리카 국가 중 대표 시인 네 명을 꼽는데 왜 굳이 또 칠레 시인이냐는 의문을 가질 수도 있겠다. 하지만 칠레는 시인들의 나라다. 인구는 우리나라의 3분의 1 정도밖에 안 되지만, 네루다와 미스트랄이라는 두 명의 노벨상 수상 시인을 배출한 문화 강국이고, 그 외에도 우이도브로, 곤살로 로하스Gonzalo Rojas, 엔리케 린Enrique Lihn 같은 굵직한 시인들이 즐비하다.

산 파비안 데 알리코라는 칠레 남부의 소도시에서 태어난 파라는 원래 물리학자로 학문과 창작을 병행했다. 브라운대학과 옥스퍼드대학에서 수학하고 1991년까지 칠레대학에서 교단에 섰던 물리학자가 본격적으로 시인의 길로 들어선 것인데, 파라 집안의 면면을 보면 그가 시인의 길로 들어선 것은 자기 집으로 돌아온 것이나 마찬가지다. 그의 가문은 칠레 내에서 손꼽히는 예술가 집안으로 8남매와 사촌들을 통틀어 예술가, 음악가가 넘쳐났고 민속학 분야에서도 일가를 이루었다. 아버지는 초등학교 음악 교사였고 어머니는 늘 기타를 치며 노래 부르기를 좋아했으니, 그 디엔에이DNA를 물려받은 파라가 시인이 된 것은 너무나 자연스러운 행로라고 할 수 있다.

그런데 아버지가 초등학교 교사면 집안이 그렇게 어려웠을 것 같지 않은데, 파라의 아버지는 가족을 등한시했다. 그리고 파라가 열세 살 되던 1927년 아버지가 사망하면서 가세가 급격히 기운다. 그래서 8남매 중에서 그는 유일하게 중등 이상의 교육을 받은 자식이었다.

비난과 영광을 한 몸에 받은 시인

1914년생인 니카노르 파라는 2018년까지 100세를 넘겨 장수를 누렸고 말년까지 식을 줄 모르는 창작열을 불태웠다. 그러다 보니 그의 시 경향도 계속해서 변할 수밖에 없었는데, 그럼에도 그에게는 비타협적인 반反시인의 이미지가 워낙 강해 그의 시를 단순화하는 우를 범할 위험성이 매우 큰 것도 사실이다.

파라는 반시인으로서 선배 시인들을 숱하게 비판했고, 그만큼 그 또한 많은 비난의 대상이 되기도 했다. 네루다, 곤살로 로하스, 루이스 메리노 레예스^{Luis Merino Reyes}가 그와 논쟁을 벌인 대표적인 시인들인데, 그 중에서 네루다와의 관계는 특별하다. 1960년대에 파라는 네루다에게 경의를 표하면서도 그의 시가 지나치게 독선적이라고 비판했다. 그러나 1950년대에 누구보다 먼저 반시의 가치와 가능성을 알아본 사람이 네루다였고, 적지 않은 이데올로기적·문학적 차이에도 불구하고 많은 텍스트를 상대에게 헌정할 정도로 서로를 존중했다. 이는 네루다의 문학적 수준과 영향력을 말해주는 파라의 고백에서도 잘 드러난다. "네루다를 잊는 방법은 두 가지가 있습니다. 하나는 그를 읽지 않는 것이고, 다른 하나는 악의적으로 읽는 것입니다. 둘 다 시도해보았지만, 어느 쪽도 별 효과가 없더군요."

그렇다면 파라의 배타적인 반네루다주의^{anti-nerudismo}는 비평계가 만들어낸 허구일 가능성이 농후하다.

물론, 많은 비판과 더불어 파라는 명예와 영광을 누리기도 했다. 2011년에는 96세 나이에 스페인어권의 노벨문학상으로 불리는 세르반테스 상을 호르헤 에드워즈^{Jorge Edwards}

와 곤살로 로하스에 이어 칠레인으로서는 세 번째로 수상
했다. 그리고 파블로 네루다 시詩상도 받고, 당연히 국가문
학상도 수상했다. 또한 노벨문학상 후보에도 여러 번 오르
기는 했지만 결국 수상하지는 못했는데, 선정 위원 입장에
서 볼 때 가치 평가를 떠나 이미 칠레인으로 노벨문학상 수
상 시인이 두 명이나 있는 상황에서 칠레에 다시 노벨상을
안기기는 부담스러웠을 것이다.

파라는 네루다만큼 다작의 시인은 아니지만 적지 않은
시집을 통해 끊임없이 시의 범주를 확장하고 변화를 모색
했다. 그러나 반시인으로서의 이미지를 고착화하는 데 결
정적인 역할을 한 것은 1954년에 출간된『시와 반시Poemas
y antipoemas』다. 이 시집은 1967년 앨런 긴즈버그Allen Gonsberg,
로렌스 펄링게티Lawrence Ferlinghetti, 윌리엄 카를로스 윌리엄스
William Carlos Williams, 토머스 머튼 등의 시인들에 의해 영역된
바 있다. 또한 1958년 출간 시집『쿠에카 라르가La cueca larga』
는 민요조의 시들을 묶은 것이다. 쿠에카cueca는 칠레 사람
이면 누구나 즐기는 전통적인 노래이자 춤이며, 쿠에카 라
르가는 수많은 쿠에카 종류의 하나다. 또한 1972년에 출간
된『인공물Artefactos』은 시각 예술과 시를 접목시킨 것으로, 여

기에서 반시적 실험은 극에 달해 이제 시는 눈으로 볼 수 있고 손으로 만질 수 있는 우편엽서나 그림의 형태를 띠게 된다. 이런 새로운 시도는 빈번한 전시회로 이어지기도 했다.

그리고 후기로 가면 칠레 역사에 실재했던 인물 엘키 그리스도Cristo de Elqui를 화자로 내세운 일련의 시집과 『생태시 Ecopoemas』, 『정치시Poesía Política』 등의 시집을 통해 초기에 분명하지 않던 정치색을 드러낸다든가 대사회적인 메시지를 던지려는 시도를 하게 된다. 특히 『생태시』는 사회주의와 자본주의라는 냉전 체제의 양 진영에 맞서 생태주의를 대안으로 제시하고 있다.

문학을 떠나 파라의 정치적 입장은 많은 논란의 대상이 되었다. 그는 이데올로기적으로 좌파에 가까웠고, 손꼽히는 피노체트 비판자로 블랙리스트에 올라 검열의 대상이 되기도 했다. 그러나 좌우파와의 관계는 배타적이지 않아 어떤 정당에도 가담하지 않는 등 아나키스트에 가까운 행보를 보였다. 아옌데의 인민연합에 대해서도 처음에는 우호적이었으나 나중에 비판적 입장으로 선회하기도 했다. 파라는 『인공물』의 여러 시에서 정치적 모순을 꼬집으며 이념 파괴적인 자신의 입장을 피력하고 있다.

대체 언제까지

계속 들볶아댈 것인가

난 우파도 좌파도 아니야

그저 모든 것을 깨부술 뿐

이러한 처신 덕분에 파라는 아옌데 이후 민주적으로 선출된 모든 대통령과 친분을 맺을 수 있었다. 특정 정파에 얽매이지 않는 태도는 반시의 정신과 맞닿아 있으며, 일찍이 1980년대에 라틴아메리카에서 선구적으로 정치적 생태주의에 관심을 갖게 된 원동력이 되었다.

나는 시를 청산하러 왔다
이제 니카노르 파라의 시적 태도를 함축하는 대표적인 구절을 살펴보자.

나는 시를 청산하라는 명을 받고 왔다

청산하다! 시를 깨끗이 쓸어버리겠다는 말이 아닌가. 상당히 극단적인 표현이 아닐 수 없다. 그리고 다음과 같은 표현도 있다.

시만 빼고 모든 게 다 시다!

그동안 매우 좁은 의미로 정의되던 시의 개념 자체를 무한대로 확장시켜버리는 발언이 아닐 수 없다. 새로운 정의에 따르면, 시 안에는 모든 것이 들어갈 수 있다. 에즈라 파운드Ezra Pound가 선구적으로 시도했듯이, 산문 고유의 요소나 주제는 존재하지 않으며 소설이나 에세이에서 말할 수 있는 모든 것은 시에서도 말할 수 있다. 파라의 시 중에는 이런 식의 단절 의지를 드러낸 시들이 매우 많다. 대표적인 예의 하나로 다음 시를 보자.

시

는

죽을 것이다

능욕

하지

않으면

시를

후리고

공개적으로 망신을 주어야 한다

그 뒤에 무슨 일이

일어날지 보자

이런 식으로 파라는 기존의 시적 전통에 시비를 걸고 있는 것이다. 그런데 여자가 노골적으로 다리를 벌리고 있는 그림과 함께 시각성을 강조한 시행 배치를 보여주는 원시를 보면 사태는 훨씬 더 심각하다. 시를 능욕하는 것을 성적인 의미와 결부시켜 다음 쪽의 그림처럼 표현하고 있다. 이것은 이중적인 안티로서, 문학사를 통해 고착된 여성 이미지, 즉 다리오나 네루다, 바예호 등 기성 시인들에게서 보였던 여성 이미지를 가차 없이 탈신화화하는 일면을 보여준다고도 할 수 있다.

그 옆에 있는 시는 주기도문을 패러디한 것으로, 가운데 세로로 읽히는 "TOME COCA COLA"는 "코카콜라를 마셔라"라는 뜻이다. 신성한 주기도문과 자본주의의 상징인

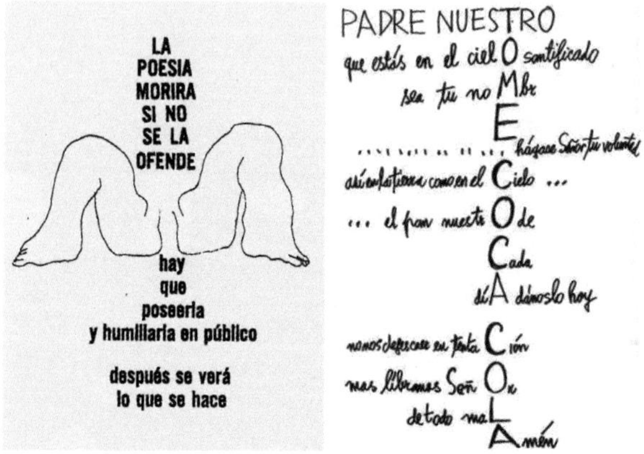
LA
POESIA
MORIRA
SI NO
SE LA
OFENDE
hay
que
poseerla
y humillarla en público
después se verá
lo que se hace
PADRE NUESTRO
que estás en el cielO santificado
sea tu noMbr
E
hágase Señor tu voluntad
así en la tierra como en el Cielo ...
... el pan nuestrO de
Cada
díA dámoslo hoy
no nos dejes caer en tentaCión
mas líbranos SeñOr
de todo maL
Amén

고착화된 여성 이미지와 종교성을 탈신성화한 파라의 시

코카콜라를 결합함으로써 종교의 세속화·상업화를 비판하는 도발적인 메시지를 담아내고 있다.

그다음에 잘 알려진 파라의 작품 중에 「롤러코스터La montaña rusa」라는 시가 있는데, 여기에서 반시는 롤러코스터에, 그리고 반시의 경험은 롤러코스터를 처음 탈 때의 기분에 비유되고 있다.

반세기 동안 시는
숭고한 바보들의 천국이었다.

내가 와서 롤러코스터를

설치하기까지는.

동하면 올라타시라.

물론 입과 코로 피 쏟으며

하강해도 난 몰라.

지난 반세기 동안이라면 제1차 세계대전 이후 나타난 실험주의적 아방가르드 시인들을 주로 겨냥한 것이라고 보면 된다. 그들은 자신들이 새로운 세계를 창조하고 새로운 질서를 세우는 대단히 숭고한 임무를 수행하고 있다고 믿었지만, 실상 알고 보면 바보들이었다는 말이다.

롤러코스터처럼 반시는 독자들에게 스릴 넘치는 짜릿한 경험을 선사한다. 그런데 왜 입과 코로 피를 쏟으며 추락한다는 것일까? 익숙한 전통적 시 개념과는 동떨어진 것이기에, 그런 시들을 만나면 독자 내면에서 많은 충돌을 겪게 된다는 것이다. 하지만 그렇더라도 자신은 책임지지 않겠다는데, 파라는 늘 이런 식이다. '난 책임 못 져! 난 모르겠어!' 식의 치고 빠지기와 방관자적인 태도를 많이 보인다. 하지만 이 역시 문학을 어떤 정해진 방향으로 이끌고자 했던 아방가르드 시인들의 오만과 독선을 비웃고 조롱하는 것으로, 여기에도 안티 정신이 관통하고 있다.

네루다를 조롱하다

파라의 「애너그램Anagramas」은 언어유희의 효과를 노리는 희작시戱作詩다. 애너그램은 문자열의 위치를 바꿔 새로운 단어를 만드는 것으로, 파라는 세 명의 시인을 가지고 말장난을 한다. 먼저 스페인의 시인 "가르시아 로르카García Lorca"의 철자 순서를 바꿔 "그라시아 로카Gracia Loca"로 만든다. 이를 굳이 우리말로 옮긴다면 '미친 재능' 정도 되겠다. 그리고 노벨상을 수상한 네루다에 대해서는 "Nobel para Ud.", 즉 "노벨상은 당신이 먹어라!"라는 문장으로 둔갑시켜 비아냥거린다.

García Lorca 가르시아 로르카

Gracia Loca 미친 재능

Pablo Neruda 파블로 네루다

Nobel para Ud. 노벨상은 당신 것

Violeta Parra 비올레타 파라

Ave Porta Lira. 리라를 나르는 새

다음 대상은 자신의 여동생 비올레타 파라Violeta Parra인데, 그녀는 오빠 못지않게 세계적으로 이름이 높다. 조각가이자 화가, 싱어송라이터이며 무엇보다 칠레의 민속 음악을 대중적인 차원으로 승화시킨 인물로 잘 알려져 있다.

1960년대 중반 라틴아메리카 각지에서 일어난 문화 예술 운동인 '누에바 칸시온Nueva Canción'의 초석을 놓은 인물이 바로 비올레타 파라다. 아르헨티나의 국민 가수 메르세데스 소사Mercedes Sosa, 칠레의 민중가수 빅토르 하라, 쿠바 음악의 거장 파블로 밀라네스Pablo Milanés와 실비오 로드리게스Silvio Rodríguez 등이 함께한 이 운동은 본래 민족 정체성 확립이 목표였으나, 사회적 격동기를 거치면서 민중 연대를 실천하는 정치·사회 운동의 성격을 띠게 된다. 실제로 이 운동은 1980년대 우리나라 민중가요에도 일정 부분 영향을 끼쳤다고 한다.

아무튼 비올레타는 자기 동생이기도 하니 오빠로서 얼마나 대견하고 애정이 컸겠는가. 그래서 '리라를 갖고 날아다니며 노래하는 새'에 비유했다. 이 시에서는 가르시아 로르카와 더불어 긍정적인 인물로 그려지고 있는 셈인데, 어쨌든 네루다 같은 기성 작가들과 주류 문학에 대한 안티 의식이 얼마나 철저했는지, 그들을 향한 냉소적인 조롱을 통해 확인할 수 있다.

삶에 바치는 최고의 찬가, 비올레타의 노래

그런데 니카노르 파라가 자신의 시에서 동생을 그토록 띄워줬으니 동생도 오빠를 치켜세워야 하지 않겠는가. 비올레타는 오빠 니카노르의 시에 곡을 붙여 〈시인들의 쿠에카 La cueca de los poetas〉를 만드는데, 노래를 들어보면 쿠에카 특유의 경쾌한 리듬에 실린 노랫말에 장난기가 가득하다.

오, 꿩은 얼마나 아름다운가,

오, 공작은 얼마나 아름다운가.

얼씨구, 아이, 아이, 아이.

오오, 가브리엘라 미스트랄의

시는 더욱 아름답지.

절씨구, 아이, 아이, 아이.

파블로 데 로카는 훌륭해.

하지만 사람들은 비센테가 두세 곱절은

더 가치 있다고 하지.

얼씨구, 아이, 아이, 아이.

사람들은 말하지, 그래,

그중에 으뜸은 파블로

네루다라는 건

의심할 수 없어.

절씨구, 아이, 아이, 아이

뛰시게나, 니카노르 파라가

금세 당신을 낚아챌 테니.

파블로 데 로카는 칠레의 대표적인 시인 중 한 명이고, 비센테는 전위주의 시인 비센테 우이도브로를 가리킨다. 먼저 이 시인들이 노벨상을 받은 미스트랄보다 더 뛰어나다고 운을 뗀 뒤, 지금은 네루다가 최고이긴 하지만, 결국 칠레 시의 4대 천황 모두 니카노르 파라에게 따라잡힐 것이라는 얘기다. 비올레타가 죽고 오랜 세월이 지나 니카노르 파라는 노랫말의 '니카노르'를 '비올레타'로 바꿔 동생을 칠레 시의 다섯 거장에 포함시킨다. 파라다운 오마주 방식이다.

그는 「비올레타 파라 옹호Defensa de Violeta Parra」라는 시를 쓰기도 했으며, 네루다도 그녀를 기리는 시 「노래하기 위한 엘레지Elegía para cantar」를 남겼다. 비올레타가 오빠에게 바친 마지막 곡은 〈천상에서의 어느 일요일Un domingo en el cielo〉인데, 마치 죽음을 넘어 지속되는 깊은 형제애를 암시하는 듯하다.

비올레타 파라의 가장 잘 알려진 노래는 〈생에 감사해Gracias a la vida〉라는 곡이다. 첫 소절의 노랫말은 이렇다. "생에 감사해, 내게 많은 걸 주어서 / 눈을 뜨면 흰 것과 검은 것 / 높은 밤하늘을 수놓은 별들 / 그리고 군중 속에서 내 사랑하는 사람을 / 온전히 알아보는 샛별 같은 눈을 주어서." 얼마나 아름답고 깊은가. 이 노래는 아마도 우리들 삶에 바치는 최고의 찬가가 아닐까 싶다. 그 노랫말은 대중음악가로서 노벨문학상을 받아 논란이 됐던 밥 딜런의 가사 못지않은 심원한 시적 서정을 담고 있으며, 실제로 그녀는 적지 않은 시를 남긴 엄연한 시인이다.

오빠 니카노르가 부른 대로 "활화산 같은 비올레타Violeta volcánica"는 다듬어지지 않은 듯한 음색이 매력적인 가수이기도 한데, 두 번의 이혼을 거치고 세 번째 연인과 결별하고 나서 결국 권총 자살로 생을 마감한다. 마지막 앨범에 수록된 〈생에 감사해〉를 발표한 지 불과 3개월 만이었다. 그녀의 비극적인 최후와 예리하게 대비되는 아름다운 노랫말의 이 곡은 메르세데스 소사, 존 바에즈를 비롯한 수많은 가수들이 불러 전 세계적으로 큰 인기를 얻었다.

맨얼굴을 감추고 "독자에게 고함"

파라는 메타시 형식을 빌려 자신의 시적 지향을 드러낸 반시 선언문을 많이 발표했다. 심지어는 '선언문manifiesto'이라는 제목의 시도 있다.

구시대의 질서가 무너져내린 아방가르드 시대에 시인들은 각자 자기 방식대로 새로운 질서를 세우기 시작했다. 그래서 뜻이 맞는 사람 몇 명만 모이면 앞다투어 선언문을 채택했으니, 아방가르드 시대는 그야말로 선언문이 난무했던 시대다. 그래서 파라가 아방가르드 시를 주된 공격 대상으로 삼았다면 선언문이라는 제목조차도 일종의 패러디로 봐야 할 것이다.

파라가 반시라는 새로운 시 개념을 처음으로 명료하게 제시한 시는 『시와 반시』에 수록된 「독자에게 고함Advertencia al lector」이 될 텐데, 이 시는 사실상 그의 가장 난해한 시의 하나라 하겠다. 수많은 문화적 인유가 숨어 있는 탓에 어지간한 전문 지식을 지닌 독자도 쉽게 이해할 수 없는 방식으로 쓰였다.

그런데 일상성을 추구한다는 시인이 선언적인 시를 왜 이리 어렵게 썼을까? 이에 대해서는 여러 해석이 가능한데, 어쩌면 이 시를 쓸 때만 해도 문단 내에서 파라의 위상이 높지 않았기 때문은 아니었을까. 아직 문단에서 크게 인정받지 못한 늦깎이 시인이 기라성 같은 선배 시인들에게 도전장을 내밀다 보니 대놓고 직설적인 방식을 취할 수는 없는 노릇이어서 어쩔 수 없이 다양한 문화적 인유를 동원해 자기의 맨얼굴을 감추고 있는 듯한 인상을 준다.

하늘을 산산조각 내고 안티 의식을 드러내다

「롤러코스터」에서와 마찬가지로 자신의 시가 독자의 기대 지평과 충돌하리라는 것을 암시하는 「독자에게 고함」의 도입부는 이렇다.

　　작가는 자신의 글이 문제를 일으켜도 책임지지 않아.

　　마음은 편치 않겠지만,

　　독자는 모름지기 달갑게 받아들여야 하는 법.

　　신학자이자 노련한 재담가였던 사벨리우스는

　　신성불가침의 삼위일체론을 박살낸 뒤에

　　자신의 이단성에 대해 답했던가.

　　사벨리우스는 3세기의 그리스도교 신학자로 삼위일체를 전면 부정하는 양식론樣式論을 주장해서 교황 갈리스토 1세에게 파문당한 인물이다. 그는 비록 교회에 의해 파문당했으나 많은 제자를 두었으며, 특히 이집트에 추종자가 많았다. 파라는 그 사벨리우스를 자신과 동일시해서, 문학계에서 성부와 성자와 성령의 위치를 점하고 있는 데 로카, 우이도브로, 네루다 세 시인의 권위를 부정하는 자신의 입장을 이단 신학자에 빗대 이야기한 것으로 해석할 수 있다. 게다가 이단이지만 따르는 무리가 많았다니 반시인에게는 이상적인 롤 모델이 아닌가.

그리고 이어서 율법학자들, 즉 문학 연구자나 비평가들이 자신의 시집을 출판해서는 안 되며 그럴 가치도 없다고 한다는 이야기를 전한다. 무릇 시집이라면 '무지개arco iris', '고통dolor', '바보torcuato' 정도의 단어는 등장해줘야 하는데 자신의 시에는 눈을 씻고 찾아봐도 그와 같은 단어가 없다는 것이다.

> 율법학자들은 이 책이 출판되어서는 안 된다고 하더군.
> 무지개라는 단어는 이 책 어디에도 등장하지 않아,
> 고통이라는 단어, 바보라는 단어는
> 더욱 찾아보기 힘들지.
> 물론 탁자나 의자 같은 단어는 도처에 널렸어,
> 관뼈도! 사무용품도!
> 이 사실은 나를 한껏 우쭐하게 만들어,
> 내가 보기에, 하늘은 산산조각 나서 쏟아져 내리고 있거든.

'무지개'는 우이도브로 시집에 빈번하게 등장하는 시어다. 그러니까 우이도브로라고 직접적으로 말하지 않고 에둘러 비판한 셈이다. '고통'이나 '바보'라는 단어도 각각 네루다와 데 로카를 겨냥한 것이다. 이런 시어들 대신 자신의 시에는 관이나 연필, 지우개 같은 단어가 널렸는데, 그것이 자신을 우쭐하게 만든다면서 과거의 시적 전통과 분명히 선을 긋는다. 여기서 산산조각이 나서 떨어지는 하늘은 그동안 신성시돼온 선배 시인들을 가리킨다.

"이 책 속의 웃음은 가짜야!" 나의 비방자들은 목소리를 높이겠지.

"이건 악어의 눈물이야."

"이 책을 보면 경탄의 한숨 대신 하품만 나와."

"젖먹이 아이처럼 생떼를 쓰고 있어."

"작가는 이해받으려고 재채기하는 거야."

좋다. 권하노니 당신들의 배[船]를 불살라라,

난 페니키아인들처럼 나만의 알파벳을 만들겠어.

파라의 반시에 대해 이렇게들 비판을 많이 한다는 것이다. 여기서 '배를 불사른다'는 말의 뜻은 무엇일까? 배를 불태운다는 건 퇴로를 생각하지 않는다는 것이다. 실제로 아스테카 제국을 정복할 때 에르난 코르테스는 일부 부하들이 쿠바로 돌아가기를 원하자, 원정대가 타고 온 10척의 배를 모두 불태워 침몰시켜버린다. 배를 불사르면 돌아갈 수 없으니 죽든 살든 새로운 땅에 뿌리를 내려야 한다. 즉 과거 시인들의 영토에 돌아갈 수 없도록 배를 불사른다는 것이다. 그러면 이제 남은 길은 전진뿐이다.

그리고 화자는 "나만의 알파벳을 만들겠어"라고 다소 비장하게 말하고 있는데, 페니키아인들의 알파벳이 왜 중요한 것일까? 여기서 알파벳은 기원전 5세기에 페니키아인들이 만든 문자 체계이자 자신이 세우고자 하는 새로운 시의 문법을 뜻한다. 알파벳이 만들어지기 전에는 모든 지식을 일부 특권층만 향유할 수 있었던 반면, 알파벳 등장 후 일반 대중도 지식을 공유하게 되었다. 그래서 시인은 자신이 새로운 알파벳을 만들어 선배 시인들의 특권 의식에 도전하겠다고 선언하는 것이다.

그리고 시의 마지막 부분에는 "아리스토파네스의 새들은 / 자신들의 머리에 부모의 / 시신을 묻었지"라는 구절이 있다. 아리스토파네스가 누구인가? 고대 그리스의 희극작가다. 여기서 굳이 아리스토파네스를 동원한 이유는 그 또한 자신처럼 이단이고, 변방이고, 비주류였기 때문이다.

그리스 시대의 정통, 즉 주류는 비극이었으니 말이다.

　이런 식으로 초기의 선언적인 시에서 파라가 과거의 시적 전통에 강한 안티 의식을 드러내면서도 그것을 복잡한 문화적 인유 속에 감추고 있는 모습을 확인할 수 있다.

시인은 이름을 변경하는 사람이다

「이름 바꾸기Cambios de nombre」라는 또 다른 메타시에서 파라는 시인을 '이름을 변경하는 사람'으로 규정하고 있다. 즉 시인의 가장 기본적인 책무는 사물을 명명하는 것naming이라는 이야기다. 예컨대 탁자를 그냥 탁자라고 부른다면 그는 시인이 아니며, 정형화된 이미지와 고정관념을 깨트리는 새로운 이름을 붙일 수 있어야 진정한 시인인 것이다.

　문학 애호가들에게

　간절한 바람을 전한다

　나는 몇몇 사물의 이름을 바꿀 것이다.

　나의 입장은 이렇다:

　사물의 이름을 바꾸지 않으면

시인은 책무를 다하지 못하는 것이다.

무슨 이유로 태양은

계속 태양으로 불려야 할까?

40 레구아 장화를

신은 고양이로 부르자!

내 구두는 관을 닮지 않았나?

오늘부터 구두가 관으로

불린다는 것을 명심하라.

알리고, 기록하고, 널리 퍼트려라,

구두는 이름이 바뀌었다고:

지금부터는 관이라고.

좋다, 밤은 길다

스스로 잘났다고 믿는 시인이라면 누구나

자신만의 사전을 지녀야 한다,

그리고 잊기 전에

신의 이름도 바꿔야 한다,

각자 원하는 대로 부르라:

이건 순전히 개인적인 문제다.

「달La luna」이라는 시에서 "운명이 나 역시 시인이 되기를 원했을 때, / 달을 정의해야 한다는 은밀한 의무를 / 남들처럼 짊어졌지"라고 노래했을 때 보르헤스도 사물에 이름을 붙여야 하는 시인의 책무를 말한 것이리라. 마지막 연에서는 신*의 이름까지도 바꿔야 한다며 그 권위를 구두 같은 사물의 수준으로 떨어트리고 나서 "순전히 개인적인 문제"라며 슬쩍 빠져나가는데, 이것이 바로 반시인의 전형적인 제스처다.

환멸과 허무의 무기는
조롱과 빈정거림뿐

20세기의 시대적 흐름이 낳은 필연적 시인

20세기 후반이 되면 라틴아메리카 시의 경향이 더 이상 모데르니스모 시기처럼 단선적이지 않고 방향성을 가늠하기 힘들 만큼 다양한 흐름이 공존하면서 경쟁하게 된다. 전통적인 시 안에 대중성이 들어가는가 하면, 아방가르드를 창조적으로 계승하면서 부분적으로만 개혁하는 흐름도 생겨난다. 옥타비오 파스의 경우가 후자에 해당한다.

그런가 하면 아방가르드와는 완전히 단절하고 리얼리즘 시학을 확립하는 흐름도 나타나는데, 여기에는 라틴아메리카의 대표적인 참여 시인들이 속하게 된다. 즉 네루다 시의 정치 참여적인 경향을 계승하는 시인들, 예를 들면 니카라과의 해방신학자 사제이자 시인인 에르네스토 카르데 날을 들 수 있다. 1983년 보수 성향의 교황 요한 바오로 2 세가 니카라과를 방문했을 당시 산디니스타 혁명 정부의 초대 문화 장관 자격으로 공항에 영접을 나간 카르데날이 교황의 심기를 불편하게 했던 일화는 세계 언론의 주목을 받기도 했다.

또한 아방가르드를 무비판적으로 계승한 시도 있고, 상호텍스트성으로서의 시도 등장한다. 호세 에밀리오 파체 코로 대표되는 뒤의 흐름은 하나의 텍스트는 다른 텍스트 와 독립적으로 존재하지 않고 명시적이든 암시적이든 상호 관련을 맺고 있다는 생각이 그 시학의 핵심을 이룬다. 파체코에 따르면, 시는 본질적으로 집단적이고 익명적인 것이며, 따라서 낭만주의 이래 중요한 덕목으로 여겨져온 문학의 독창성과 개별성은 그 의미를 잃게 된다. 극단적으로 말해, 보르헤스가 만들어낸 가상 세계 틀뢴에서처럼 표절이라는 개념 자체가 성립하지 않는 것이다.

보르헤스는 「바벨의 도서관」에서, "내가 dhcmrlchtdj라고 몇 개의 글자를 멋대로 조합해놓아도 그것은 신성한 도서관에 이미 예비되어 있던 것"이라고 적고 있다. 실제로 파체코는 기존 텍스트를 다시 쓰는 것은 물론이고 칼 샌드 버그Carl Sandburg, 맬컴 라우리Malcolm Lowry 같은 다른 시인들의 작품을 번역하여 버젓이 자기 시집에 포함시켜 출간하기도 했다.

상호텍스트성으로서의 텍스트는 팔림세스트palimpsest 개념과 밀접하게 관련되어 있다. 팔림세스트는 겹겹이 거듭 쓴 양피지를 뜻한다. 예전에는 양피지가 상당히 고가였기 때문에 한 번 쓰고 버리지 않고 계속 재사용했다. 양피지에 썼던 글이 흐릿해지면 그 위에 다시 쓰고 또 쓰기를 반복한 것이다. 그렇게 200년 세월이 흘렀다고 치자. 그러면 그 양피지는 어떻게 될까? 가장 마지막에 쓴 것만 눈에 보이겠지만 그 아래에는 과거에 쓴 글의 흔적들이 켜켜이 쌓여 희미하게 남아 있다. 이처럼 결국 텍스트라는 것, 글쓰기라는 것은 양피지에 쓴 글과 같다는 것이다.

이와 같은 다양한 현대시의 흐름 속에서 반시를 주창한 파라는 아방가르드와 리얼리즘을 동시에 회의하며 언어의 유희를 벌이는 경향을 대표한다.

창조의 시학에서 일상성의 시학으로

우이도브로는 평생 적대적인 관계를 유지했던 네루다가 먹고사는 문제를 해결하기 위해 극동으로 향하던 바로 그 시기에 이미 파리에서 뱅상^{Vincent}이라는 이름으로 내로라하는 프랑스 시인들과 교우하며 프랑스어 시집을 내기도 했다. 따라서 칠레 시인이면서 동시에 프랑스 문학사에도 속하는 매우 예외적인 인물이라고 할 수 있다.

우이도브로는 창조주의^{creacionismo}라는 아방가르드의 한 유파를 만들어냈는데, 그의 시적 지향은 「시학$^{Arte\ poética}$」이라는 시에 등장하는 다음 구절로 요약될 수 있다.

오 시인들이여! 왜 장미를 노래하는가
시 안에서 장미가 꽃피게 하라. (…)

시인은 작은 신이다.

시인은 새로운 질서, 새로운 세상을 만들어내는 거의 조물주와 같은 존재라는 주장을 하고 있는 것으로, 이는 기본적으로 아방가르드를 관통하는 중심적인 생각이다. 우이도브로는 일찍이 선언적인 산문 「논 세르비암Non Serviam」에서 "당신을 섬기지 않겠어요. 어머니 자연이여, 난 당신의 노예로 살지 않을 겁니다. 내가 주인이 되고 당신이 나를 섬기게 될 겁니다"라고 외치며 미메시스, 즉 모방과 재현의 시학을 단호히 거부하고 창조주의 시학을 천명했다.

그런데 파라는 이러한 아방가르드 특유의 저항적 태도를 전유하여 역으로 우이도브로가 주창한 창조주의와 '시인은 작은 신'이라는 낡은 관념을 극단적으로 부정하고 조롱한다. 그렇다면 파라가 아방가르드를 위시한 과거의 시적 전통에 반기를 들기 위해 동원한 시적 장치는 무엇인가? 그것은 거리의 삶과 일상의 언어에 천착하는 '일상성의 시학'으로 요약될 수 있는데, 기본적으로는 시를 엄숙하고 숭고한 것으로 간주해온 사회적 통념을 깨뜨리고 시에 대한 독자의 기대 지평을 무너뜨리는 것이다.

예컨대 전통적으로 시인들은 스스로를 원래 신들의 세계에 거처해야 마땅하지만 저주받아 땅으로 내려온 존재, 다시 말해 신 또는 반*신적인 선택받은 존재라는 입장을 견지했는데, 그렇다면 시인의 또 다른 얼굴인 시적 자아도 마찬가지일 것이다. 시적 자아라는 것은 시 안에서의 '나'

를 뜻한다. 우리는 흔히 시를 읽을 때 시 속의 '나'를 시인과 동일시하기 쉽지만 사실은 별개의 존재다. 시가 서사 장르에 비해 상대적으로 자전적 성격이 강한 것은 사실이다. 그러나 시도 하나의 창조물인 이상 시적 자아는 자전적으로 동일시되는 것이 아니라 상상적으로 동일시된다. 이런 의미에서 시의 주관성이란 실제 시인의 그것과 구별되는 가상적 주관성virtual subjective이며, 시인은 허구적 존재인 시적 자아를 통해 '나'인 동시에 '타자'가 된다. 그래서 파라는 시인과 시적 자아를 탈신성화하여 거기에 씌워져 있던 신성한 옷들을 벗겨버리는 것이다.

그리고 파라는 일상어와 시어의 경계를 허물어버렸다. 앞서 「독자에게 고함」이라는 시에서도 봤듯 일상 대화체 언어를 그대로 시 안으로 들여온 것이다. 이러한 시 언어의 혁신은 파라에 앞서 네루다나 바예호의 일부 시에서도 이미 선구적인 사례가 확인되며, 시와 산문, 예술과 삶의 경계 해체의 연원은 모데르니스모를 넘어 낭만주의까지 거슬러 올라갈 수 있다.

파라의 거의 모든 시를 관통하는 시적 장치는 바로 유머와 아이러니, 패러디라고 할 수 있다. 유머는 블랙 유머인 경우가 많고, 패러디는 과거의 전통을 전유하여 다시 쓰기 위해 반드시 필요한 장치가 된다.

또한 파라는 권위적 담론에 도전했다. 권위적 담론이라고 하면 성서 말씀이라든가 정치 연설문, 장례식 조문[#x] 등 어떤 식으로든 권위를 인정받았던 담론들을 말하는데, 파라는 다양한 시적 장치를 동원해 그 권위에 도전하고 해체하는 작업을 수행했다.

이렇게 파라가 보여준 반시의 미학, 즉 장르 해체 혹은 통합의 양상과 결부된 일상성의 시학은 이른바 포스트모더니즘 문학과 접점을 이룬다. 이런 의미에서 파라의 시를 포스트모더니즘 혹은 포스트모더니티와 관련시켜 논의하는 연구도 적지 않다.

시인은 결코 신성하지 않은 존재

반시의 가장 큰 특징 중 하나가 시와 시인과 시적 자아를 탈신성화하는 것이라고 했는데, 그러한 특징을 잘 보여주는 시가 「자화상[Autorretrato]」이다. 이 시의 화자인 교사는 교실에서 학생들을 앞에 두고 발언하고 있다. 예사롭지 않은 설정에 걸맞게 구어적이고 대화체적인 요소가 두드러진다.

얘들아, 잘 봐,

탁발수도승의 이 외투.

난 별 볼일 없는 어느 중등학교 선생,

수업을 하면서 목소리가 갔어.

(이러나저러나 결국 주당 40시간 수업을 해.)

얻어터진 내 면상을 보면 무슨 생각이 드니?

쳐다만 봐도 안됐다는 생각이 들겠지!

멋도 뭣도 없는 낡아빠진

이 사제司祭구두는 또 어떻고.

　　위의 시행들에서 화자의 넋두리는 우리가 선생님 하면 떠올리는 엄숙한 이미지와는 거리가 멀다. 이처럼 신화적 엄숙성과 권위의 담지자인 서정적 영웅으로서의 시적 자아는 일찍이 루벤 다리오가 형상화했던, 부르주아 사회와 불화하는 근대적 개인의 초상을 강하게 환기시키는 퇴락하고 소외된 자아의 모습으로 탈신화화된다.

　　눈은 말이지, 3미터만 떨어져도

　　엄마도 못 알아봐.

무슨 일이냐고? – 별일 아니야!

수업을 하면서 눈을 버렸어.

어두침침한 조명, 햇빛,

눈에 해로운 초라한 달빛.

도대체 무슨 영화榮華를 보겠다고!

부르주아의 상판대기처럼 딱딱하고

피 냄새와 피 맛이 나는

용서할 수 없는 빵 한 조각을 얻기 위해서지.

우리는 뭐 하러 사람으로 태어난 것인가,

어차피 개죽음 당할 거라면!

학생을 가르치는 행위는 매우 숭고한 일임에도 여기서는 눈물 젖은 빵 한 조각을 얻기 위해 기를 쓰는 행위로 그 의미가 퇴색한다. 그러다 보니 몸을 상해 눈도 버리고 뺨도 시체처럼 창백해졌으며, 머리도 다 빠져 듬성듬성하고 주름살만 늘었다고 하소연한다. 여기서 사회적 통념의 탈신화적 해체가 화자인 교사 자신의 입을 통해 이루어진다는 것도 매우 흥미롭다.

그리고 화자는 "하지만 나도 한때는 여러분들처럼 / 아름다운 꿈으로 가득한 젊은이였어 (…) 지금은 보다시피 여기 불편하기 / 짝이 없는 교탁 뒤에서 / 주당 500시간 게 거품을 무느라 / 사나울 대로 사나워졌지만"이라고 마무리한다.

그런데 주당 500시간이라니, 이렇듯 터무니없는 과장도 반시인이 즐겨 사용하는 장치 중 하나다. 삶의 부조리와 신산함, 현실의 폭력성 따위를 강조하기 위한 효과적인 수단인 것이다.

시는 모름지기 생활필수품 같은 것

파라가 자주 동원하는 시적 장치의 하나가 패러디라고 했는데, 그 중에서도 가장 눈에 띄는 대상이 '주기도문'이다. 도덕적인 삶에 대한 예수의 가르침을 담은 이 기도문이야말로 신성불가침의 권위를 지닌 것이라면, 거기에 물음표를 던지고 시비를 걸어야 그 효과가 극대화되지 않겠는가. 그래서 동서양 어느 언어를 막론하고 주기도문에 대한 패러디는 쉽게 찾아볼 수 있다. 파라의 패러디 시 「주기도문 Padre nuestro」을 보자.

온갖 문제를 짊어지신 채

세속의 보통사람처럼

오만상을 찌푸리고

하늘에 계신 우리 아버지

더는 저희를 생각하지 마소서.

문제를 해결하지 못해

괴로워하심을 이해합니다.

당신께서 세우시는 것을 모조리 부수면서

악마가 당신을 괴롭힌다는 것도 잘 압니다.

악마는 당신을 비웃지만

저희는 당신과 함께 눈물 흘리오니

낄낄대는 악마의 웃음소리를 괘념치 마소서.

불충한 천사들에 둘러싸여

어딘가에 계시기는 할 우리 아버지

진심으로 더는 저희 때문에 고통받지 마소서

당신은 아셔야 합니다

신들도 때로는 잘못을 저지르며

저희는 모든 것을 용서한다는 것을.

위반의 상상력으로 권위 있는 종교 담론을 되받아 써 조물주와 피조물의 관계를 전복시킴으로써 성서로 표상되는 신성불가침의 종교적 도그마를 해체하고 탈신성화하는 전형적인 패러디물이다. 이제 무너지는 참혹한 현실 앞에서 시인은 자연을 노래할 수도, 인간을 찬양할 수도 없다. 또 신에게 영광을 바칠 수도 없다. 언어에서 시작해 모든 것이 문제적이 되었기 때문이다. 결국 모든 것은 현실에 대한 환멸과 총체적 허무주의로 귀결되며, 반시의 주체가 동원할 수 있는 무기는 조롱과 빈정거림뿐이다. 절정의 아이러니를 통해 신은 전능한 존재가 아니라 악마에게 괴롭힘을 당하고 세속의 문제를 해결하지 못해 쩔쩔매는 안쓰러운 존재로 그려지며, 그런 지극히 인간적인 신을 용서하는 것은 바로 인간이다. 이처럼 신의 위상은 세속의 보통사람 수준으로 추락하고, 심지어 하늘에 계신 것으로 믿어온 신의 존재 자체도 의심의 대상이 된다.

그리고 다소 장난기와 유머가 느껴지는 패러디 시로 스

나한테 그걸 물었니?

반시는 바로 너야.

니카노르 파라의 그림시

페인 낭만주의 시인 구스타보 베케르Gustavo Adolfo Bécquer의 『서정시집Rimas』 21번째 시를 패러디한 것이 있다. 먼저 시가 무엇인지를 정의하고 있는 베케르의 시는 다음과 같다.

시가 뭐예요? 너는 묻는다,
푸른 눈동자로 나의 눈동자를 뚫어져라 쳐다보면서.
시가 뭐냐고?
나한테 그걸 물었니?
시는… 바로 너야.

이 시는 왼쪽 그림시로 패러디된다.

베케르의 시에서 '시'라는 단어에 함축된 낭만주의적 아우라와 고착화된 수사적 언어를 '안티'라는 접두사 하나로 날려버린 것이다. 결국 이 그림시는 기존 텍스트에 대한 비평이나 감상의 형식을 띤 일종의 메타시로 읽힐 수 있다.

다음 시는 파라가 자유의 여신상을 그리고 나서 아래에 "미국 / 자유가 조각상으로 / 서 있는 곳USA / DONDE LA LIBERTAD / ES UNA ESTATUA"이라는 설명을 붙인 것이다. 사악하고 짓궂은 표정의 자유의 여신상 그림과 글귀가 절묘하게 어우러져

자유의 여신상을 소재로 한 파라의 그림시

자유와 민주주의의 상징은 한순간에 조롱거리로 전락한
다. 이 그림시에서 단 한 문장으로 압축된 촌철살인의 풍자
는 그림을 만나 반시 특유의 분위기를 극대화한다. 이처럼
파라는 웃을 수 없는 농담과 예리한 풍자적 아이러니를 통
해 가짜 진실의 저격수로서 현실의 언어 밑바닥에 잠복해
있는 우리 시대의 본질적 모순이나 부조리를 가차 없이 까
발린다.

　파라는 이런 부류의 시를 상당히 많이 남겼는데, 시는
모름지기 생활필수품 같은 것이어야 한다는 문학적 소신

을 드러내기 위함인지 시집으로 묶였지만 앞면에는 시와 그림이 있고 뒷면은 우편엽서 형태로 되어 있어 실제로 뜯어서 누군가에게 부칠 수 있다. 심지어 점선을 따라 쉽게 뜯을 수 있게 제작되었다. 자유의 여신상 앞에서 이 시를 감상한 다음 뜯어내 누군가에게 우편엽서를 보낸다면 가장 이상적인 반시의 독자일 것 같다.

흘러가는 우연을 날것의 언어로

경계 해체라는 측면에서 시가 소설에서 가져온 것은 무엇일까? 그것은 바로 소설만의 특징으로 여겨지던 스토리다. 일상적인 삶의 토막들을 그대로 시로 옮겨놓은 파라의 시 「한 남자Un hombre」는 서사적 흥미소와 이야기성을 지님으로써 전통적인 시 장르의 확장을 보여준다.

한 남자의 어머니가 위독하다
그는 의사를 부르러 집을 나선다
운다
거리에서 부인이 다른 남자와 같이 있는 모습을 본다
손을 잡고 간다

나무 뒤에 몸을 숨겨가며

두 사람을 바짝 뒤쫓는다

운다

잠시 뒤 젊은 시절의 친구를 만난다

이게 얼마 만인가!

술집으로 들어간다

얘기를 주고받으며 웃는다

남자는 오줌을 누러 마당으로 나간다

젊은 여자를 본다

날이 어둡다

그녀는 접시를 닦고 있다

남자가 젊은 여자에게 다가간다

그녀의 허리를 잡는다

왈츠를 춘다

함께 거리로 나간다

웃는다

사고가 난다

젊은 여자가 의식을 잃었다

남자는 전화를 걸러 간다

운다

어느 불 켜진 집에 도착한다

전화 좀 쓰자고 부탁한다

누군가 그를 알아본다

이보게, 저녁이나 들고 가게,

안 돼

전화기 어디 있나

한술 뜨라니까, 이 사람아, 한술 뜨고

가게

앉아서 먹는다

정신없이 벌컥벌컥 술을 들이켠다

웃는다

그에게 시 낭송을 해보라고 시킨다

낭송한다

그는 책상 밑에 잠들어 있다.

아픈 어머니를 위해 의사를 부르러 가던 남자는 바람난 부인을 미행하다가 옛 친구를 만나고 술집에 들어가 젊은 여자와 춤을 춘다. 여자가 의식을 잃자 전화를 걸기 위해 어느 집에 들렀다가 지인을 만나 함께 저녁을 먹고 술에 취해 시를 낭송하고는 책상 밑에서 잠이 든다. 그런데 간간이 대화체 문장과 뒤섞이며 마침표도 없이 이어지는 행위와 행위 사이에는 아무런 인과관계도 없다. 반시인으로 추정되는 남자가 노출돼 있는 세상은 이처럼 우연에 의해 지배되는 부조리한 현실이다. 또 시의 마지막이 암시하듯 시인의 일도 일상의 속물적 행위와 본질적으로 차별화되지 않는다.

위 시는 파편적이긴 하지만 서사적 구조를 통해 독자의 기대 지평을 깨트리는 장르 혼합의 양상을 보여주는데, 마치 사무엘 베케트의 부조리극처럼 심미적·상징적 장식이 최소화되어 산문적이고 일상적인 날것의 언어로 환원된다. 그렇다면 쓰거나 낭송되기보다 이야기되는 일종의 시적 내러티브로 규정할 수 있으며, 여기에서는 일상 현실과 밀착된 일화와 환유가 메타포를 대체한다.

새벽의 시, 지상의 시,
저항의 시

시는 지나가고 반시 역시 지나간다

파라가 문단에서 이름을 얻고 반시 개념이 구체성을 확보한 후에 쓴 「선언문」이라는 시에는 사실상 그가 추구한 모든 것이 들어 있다. 앞서 말한 대로 제목 자체를 선언문이라고 한 것은 선언문을 남발했던 아방가르드에 대한 일종의 패러디라고 하겠는데, 엄숙한 어조의 기존 선언문과는 달리 연설문의 형식을 취해 제도화된 수사적 코드로 변질된 아방가르드 시인들의 언어를 조롱하듯 자연스럽게 써 내려간다.

신사 숙녀 여러분,

이것이 우리가 마지막으로 드리는 말씀입니다.

– 처음이자 마지막입니다 –

시인들은 올림포스 산에서 내려왔습니다.

우리 선조들이 보기에

시는 사치품이었지만

우리에게는

필수품이며

우린 시 없이는 살아갈 수 없습니다.

절대를 욕망하는, 그러나 동시에 존재하는 것을 회의하고 부정하는 근대 시인은 기존의 종교와 철학이 제공했던 절대의 추구 방식을 거부한다. 왜냐하면 세계를 불신하거나 세계를 자신과 절대 사이의 방해물로 간주하여 파괴하고자 하기 때문이다. 따라서 시인은 자신의 수단으로 자신의 목적에 따라 독창적인 절대의 세계를 구축하는 일에 착수하며, 그 결과 시인과 시의 신화화가 이루어진다. 이제 언어와 미스터리의 탐구자인 시인은 작은 신(우이도브로)이자 언어의 연금술사(랭보)이고, 시는 절대적인 것(말라르메)

이며 종교의 대체물이다. 바로 여기에서 근대 서정시의 가장 본질적인 특징의 하나인 시적 자아의 영웅주의가 생겨난다. 이러한 영웅주의를 단호히 거부하는 파라는 시인들을 향해 한때 올림포스 산에서 신들과 어울렸지만 이제는 흙먼지 이는 땅으로 내려왔으니 정신 차리라고 요구한다. 일상과 시는 구분되지 않으며, 시는 이제 생활필수품이라는 것이다.

아주 정중하게 말씀드려

우리는 선조들과 생각이 다릅니다.

시인은 연금술사가 아니라

보통사람과 똑같은 존재입니다.

성벽을 쌓는 벽돌공이고

문과 창문을 만드는 인부입니다.

우리는

일상의 언어로 이야기를 나눌 뿐

언어의 연금술은 믿지 않습니다.(…)

이것이 우리가 전하고 싶은 말입니다.

우리는 창조주 같은 시인

싸구려 시인

도서관 생쥐 같은 시인을 고발합니다.

정중하게 말씀드려

이분들은 모두

피고로 법정에 서야 합니다.

공중누각을 지으려 한 죄

시간과 공간을 허비한 죄

달에 바치는 소네트를 만들면서

파리의 최신 유행을 따라

단어를 제멋대로 조합한 죄로 말입니다.

"창조주 같은 시인"은 시 쓰기를 하나의 세계를 창조하는 것과 동일시했던 우이도브로를 겨냥하는 것일 테고, 앞서 언급했던 창조주의 선언문 「논 세르비암」의 구절을 흉내 내서 정중하게 말씀드린다는 말을 반복하지만 반어적 표현이어서 결코 공손하게 들리지 않는다. 마지막 행은 다다이즘이나 초현실주의, 그리고 오르테가 이 가세트[José

Ortega y Gasset가 『예술의 비인간화La deshumanización del arte』에서 신예술의 두드러진 특징으로 제시한 바 있는 "메타포의 고등 수학"을 환기시킨다.

우린 생각이 다릅니다.

생각은 입이 아니라

가슴 깊은 곳에서 생겨납니다. (…)

형용사의 시

후각과 미각의 시

제멋대로인 시

책을 베낀 시

그리고

관념의 혁명에 기초해야 할

상황에서

언어 혁명에 기초한 시

한줌의 엘리트를 위해

"절대적 표현의 자유"를 외치는

악순환의 시였습니다.

오늘 우리는 성호를 그으며 이렇게 묻습니다.

그들은 무엇을 바라고 이런 시를 썼을까.

쁘띠 부르주아를 놀래려고?

한심하게도 시간만 낭비했으니!

쁘띠 부르주아는 먹고사는 문제가 아니면

반응하지 않습니다.

그런데 시로 그를 놀래려 들다니!(…)

그들이

황혼의 시

밤의 시를 썼다면

우리는

새벽의 시를 옹호합니다.

이것이 우리의 메시지입니다.(…)

아주 정중하게 말씀드려

우리는

작은 신의 시

신성한 소의 시

성난 황소의 시를 비판합니다.

위의 시행들에서 파라는 기성 체제와 관습적인 시예술에 저항하고, 신화화되고 권력화한 기성 시인들에게 가차 없이 총구를 겨눈다. 그리고 비판의 대상은 앞서 살펴본 시 「독자에게 고함」보다 훨씬 더 구체화되어 있으니, '작은 신의 시'는 "시인은 작은 신"이라고 했던 우이도브로를 재차 겨냥한 것이고, '신성한 소의 시'와 '성난 황소의 시'는 각각 네루다와 데 로카를 노린 것이다. 구체적인 예를 하나 들어보면, "시로 그를 놀래려 들다니!"라는 시행은 네루다의 시 「배회Walking Around」에 등장하는 독특한 표현 "붓꽃 한 송이를 꺾어 공중인을 깜짝 놀랜다거나"를 떠올려준다. 이처럼 칠레 시에서 삼위일체를 이루는 세 시인을 다시 한 번 구체적으로 공격한 것이다.

구름의 시에 맞서
우리는
지상의 시를 주장합니다. (…)
카페의 시에 맞서
자연의 시를 주장하며,
살롱의 시에 맞서

광장의 시

저항의 시를 주장합니다.

시인들은 올림포스 산에서 내려왔습니다.

칠레 시의 성 삼위ᵀ⁽ᵃ⁾의 작품에서는 '밤', '구름', '카페', '살롱' 등이 핵심어를 구성한다면, 파라의 작품에서 키워드는 '새벽', '광장', '지상', '자연' 따위다. 시인들은 올림포스 산에서 내려왔다는 서두의 말을 반복하며 양괄식 구성을 마무리 짓는 이 시는 이전보다 훨씬 더 반시적인 언어로 재차 반시 선언을 하고 있는 것으로 볼 수 있다.

엄숙함을 비집고 나온 유머

파라는 이후 『엘키 그리스도의 설교와 훈계Sermones y prédicas del Cristo de Elqui』(1977), 『엘키 그리스도의 새로운 설교와 훈계 Nuevos sermones y prédicas del Cristo de Elqui』(1979), 『마지막 설교Últimos sermones』(1983) 등 엘키 그리스도가 발화 주체로 등장하는 일련의 시를 쓰는데, 그는 선지자를 자처했던 실재 인물 도밍고 사라테 베가Domingo Zárate Vega(1898~1971)를 가리킨다.

원래는 농부였으나 그에게 성스러운 인물들이 연이어 발현하면서 12제자와 많은 추종자를 거느리게 되었고, 예수 그리스도를 흉내 내서 설교를 하며 칠레 전역과 남미 국가들을 돌아다녔다는데, 파라는 나름대로 거룩했을 그의 설교를 전유하여 매우 흥미롭게 패러디했다. 『엘키 그리스도의 설교와 훈계』여섯 번째 시를 보자.

실생활에 보탬이 되는 조언 몇 가지 :

일찍 일어나라

아침식사는 가급적 가볍게

따뜻한 물 한 잔으로 족하다

구두는 꽉 끼지 않게 신고

양말도 모자도 쓰지 마라

육식은 일주일에 두세 번만

난 온건한 채식주의자

해산물을 먹는 실수를 범하지 마라

바다에서 나는 건 죄다 독극물

부득이한 경우가 아니면 날짐승을 살생하지 마라

독한 술은 피해라

점심 때 한 잔이면 족하다

낮잠은 기껏해야 15분

숙면을 취하면 충분

너무 많이 자면 건강에 해롭다

장이 찢어질 수 있으니

방귀는 참지 마라

성주간에는 금욕하고

보름마다 향을 피워라

모친상을 당했을 때가 아니면

새하얀 속옷을 입어라

사태가 위중할 때는

상복을 제대로 갖춰 입어라

철천지원수에게도 가하지 못할

충격적인 일이 나에게 닥쳤을 때

나는 속옷과 겉옷 모두

온통 검은색으로 입기로 마음먹었다

그 불길한 날에서 20년이 지난

오늘까지도 그러고 있다.

여기에서 파라의 텍스트는 사라테 베가의 『엘키 그리스도의 약속과 삶La promesa y la vida de El Cristo de Elqui』의 반시적 다시 쓰기이며, 사라테 베가의 텍스트는 정전적 설교 담론, 특히 산상설교의 아이러니적 전복이다. 그런데 위에서 보듯 시의 내용은 신성한 존재가 아닌, 역사적으로 인식 가능한 구체적이고 평범한 인물의 메시지다. 다시 말해, 화자는 시인의 관념적 이미지 위에서 창조된 가공의 인물이 아니라 칠레의 구체적인 역사적 상황 속에 존재한다. 이러한 사실은 반시의 자아에 새로운 차원을 부여한다. 하나의 개념이나 상징을 넘어 '살과 뼈의' 반反영웅으로서의 이미지를 강화하기 위해 사라테 베가의 사진과 그의 몇몇 작품의 표지 및 본문 사진을 텍스트에 포함시키는가 하면, 구체적인 날짜, 역사적 인물들, 통계 자료 등을 광범하게 인용하기도 한다.

칠레와 관련된 다양한 역사적·지리적·문화적 인유를 통해 이전의 시적 자아를 규정했던 보편적 존재로서의 이미지는 옅어지고 구체적인 칠레인으로서의 성격이 부각되며, 이와 함께 다분히 추상적이고 비현실적인 예수의 이미지는 탈색된다. 대중매체 담론의 통속적 분위기와 종교 담론의 신성성 사이의 대조가 빚어내는 그로테스크 리얼리즘에서 이미 그러한 분위기를 감지할 수 있다. 차분하고 사려 깊은 예수와 달리 엘키 그리스도는 정신이상자나 모순적이고 신경증적인 존재로 형상화되면서 동일한 주체 내에서 교양인과 문맹자, 선과 악 같은 대립물의 공존을 허용한다. 여기에서 시적 주인공의 광기 혹은 신경증은 발화 주체에게 정치적 이유로 금기시되어온 주제를 포함한 다양한 주제들에 대해 자유롭게 의견을 개진할 권리를 부여하며, 텍스트를 지배하는 항상적인 카오스와 모순을 정당화하는 장치로 기능한다.

이 시편들에서 성聖과 속俗, 종교적 담론과 일상적 담론 사이의 경계는 해체되고, 화자의 엄숙한 어조와 터무니없는 진술의 간극에서 특유의 유머가 생겨난다. 성주간 라디오 프로그램에 초대받아 발언하는 엘키 그리스도에는 반시인 자신의 모습이 투영되어 있다. 사회적 기능과 역할의 변화에 따라 구세주, 마약중독자, 떠돌이, 도둑을 거쳐 무력한 혁명가, 신경증 환자에 이르기까지 변신을 거듭하는 그는 예수의 풍자적 대응 인물인 동시에 인생관, 세계관, 가치관 등을 공유할 수 있는 시인의 언어적 가면이자 얼터 에고인 것이다.

지극히 현대적인, 시대를 앞서간 시인

생태적 주체 역시 반시의 자아가 개성화된 인간적 면모를 회복하는 또 다른 예에 해당한다. 파라는 늘 비아냥거리고 "No!"만 외쳤던 회의주의자, 무정부주의자는 아니었다. 가령, 초기 시 중에서 「나무 보호^{Defensa del árbol}」라는 시는 인간 중심주의가 초래한 환경 파괴에 대해 경각심을 일깨워준다.

아몬드 모양의 눈을 가진 아이야

너는 왜 불순한 생각으로

나무에 돌을

던지려 하느냐?

아무에게도 해를 끼치지 않는 사람은

그렇게 푸대접을 받아서는 안 돼.

생각에 잠긴 버드나무

우수어린 오렌지나무는

사람들로부터 항상

좋은 대우와 존경을 받아야 해 :

나무를 아프게 하는 심술쟁이 아이는

자기 아버지와 형제를 해치는 거란다.

버드나무가 사려 깊고 오렌지 나무가 우울한 표정과 감정을 지닐 수 있음을 이야기하고 타이르듯 생명 존중의 메시지를 전하는 시인은 지금까지 보아온 것과는 사뭇 다른 모습으로 다가온다. 반시인이라는 특정한 라벨을 붙여 한 시인을 단순화한다는 게 얼마나 위험한지를 다시 한 번 환기시켜준다.

그런데 초기 시에서 간헐적으로 나타났던 이러한 문제의식이 확장되면서 후기의 파라는 본격적으로 생태시를 쓰게 된다. 적어도 1970년대 말부터 파라는 스스로를 생태주의자로 규정한다. "나는 자본주의자도 사회주의자도 아니며, 오히려 전적으로 생태주의자다."

이제 우리는 빵이나

지붕

외투를 요구하지 않는다

한 모금의

좋은 공기로 족하다

묵시록적 예언은 이제 그만

우린 세상이 완전히 끝났음을 안다 (…)

어린 시절의 추억:

나무들은 아직 가구의 형태를 갖지 않았고

통닭은 산 채로 풍경 속을 돌아다녔지

기쁜 소식:

백만 년 뒤에

지구가 회복된단다

그런데 사라지는 건 바로 우리들

현재의 인간은 나무를 베서 가구를 만들고 닭을 잡아서 통닭을 튀기지만, 과연 지금이 통닭도 없고 가구도 없던 시절보다 더 행복하고 더 나은 것일까? 먼 미래에 지구는 회복되지만 인간은 멸종된다는 섬뜩한 경고를 담고 있다. 그런데 그게 기쁜 소식이라니. 반시인 특유의 촌철살인의 풍자와 아이러니는 여전하다. 이제 화자는 반시의 깃발을 든 저격수가 아니라 선지자이며, 자연과 인류의 파괴를 고발

하는 땅의 수호자다. 아래 세 편의 시에서 확인할 수 있듯
이, 파라는 이제 일상적 삶의 문제를 넘어 경제적 불평등이
나 분배의 문제, 정치적 갈등 같은 중요한 정치사회적 이슈
에 대한 문제의식도 본격적으로 드러내게 된다. 바로 이 지
점에서 새로운 반시 미학은 시의 윤리성과 만난다.

배 터지게 먹는

한줌의 사람들을 위해

많은 이들이 굶주릴

필요가 있을까?

좌파와 우파가 뭉치면

결코 패배하지 않으리라

칠레에서는 인권이 존중되지 않는다.

여기에는 언론의 자유가 존재하지 않는다.

이곳에서는 백만장자들이 지배한다.

닭장은 여우에게 맡겨져 있다.

여러분에게 청하건대

어느 나라에서 인권이 존중되는지 알려 달라.

    이와 같은 현실 참여적 메시지는 사회의 구조적 모순에 대한 저항의 의미를 함축하고 있는데, 좌파와 우파가 번갈아 집권하면서 라틴아메리카의 거의 모든 나라들이 이념 갈등과 정치적 격변을 겪고 "대지의 저주받은 사람들"이 착취와 수탈의 대상이 되어온 상황에서 상당한 호소력을 갖는다고 할 수 있다.

    파라의 시에서 지배 담론에 대한 전복 의지는 이처럼 정치적·사회경제적·문화적 상황에 대한 비판적·교란적 의지로 확대된다. 세계로부터 소외된 자아의 냉혹한 시선으로 반유토피아적 전망을 드러냈던 부정의 미학, 총체적 니힐리즘과 아나키즘으로 치달았던 믿음의 상실과 냉소주의의 이면에는 역설적으로 동일성identity의 회복에 대한 욕망, 즉 삶과 희망과 시의 존재 이유가 살아 숨 쉬고 있었던 것이다. 이처럼 파라는 실로 다양한 스펙트럼을 지닌 작품들을 남겼는데, 스페인어권을 넘어 현대시가 보여주는 많은 특징들을 일찍이 1950년대부터 선취한, 시대를 상당히 앞서간 시인인 것만은 분명하다.

니카노르 파라와 유사한 우리나라의
시인들은 누가 있나?

　　니카노르 파라의 시 세계와 유사한 시적 지향을
보이는 시인으로 황지우와 박남철을 들 수 있다.
파라는 1950년대부터 반시를 썼고, 황지우와 박
남철은 1980, 90년대에 주로 활동했던 시인들
로, 시기적으로는 대략 30년 차이가 나지만 이들
사이에는 실험적이고 전위적인 기법이나 풍자와
부정의 정신 등 상당한 유사성이 있다. 먼저 박남
철 시인의 「주기도문, 빌어먹을」을 보자.

지금, 하늘에 계신다 해도

도와 주시지 않는 우리 아버지의 이름을

아버지의 나라를 우리 섣불리 믿을 수 없사오며

아버지의 하늘에서 이룬 뜻은 아버지 하늘의 것이고

땅에서 못 이룬 뜻은 우리들 땅의 것임을, 믿습니다

(믿습니다? 믿습니다를 일흔 번쯤 반복해서 읊어 보시오)

오늘날 우리에게 일용할 고통을 더욱 많이 내려 주시고

우리가 우리에게 미움 주는 자들을 더더욱 미워하듯이

우리의 더더욱 미워하는 죄를 더, 더더욱 미워하여 주시고

제발 이 모든 우리의 얼어 죽을 사랑을 함부로 평론하지 마시고

다만 우리를 언제까지고 그냥 이대로 내버려 둬, 두시겠습니까?

대개 나라와 권세와 영광은 이제 아버지의 것이

아니옵니다(를 일흔 번쯤 반복해서 읊어 보시오)

밤낮없이 주무시고만 계시는

아버지시여

아멘

이 시는 권위 있는 종교 담론에 대한 패러디라는 점에서 파라의 「주기도문」과 매우 흡사한 방법론을 채택하고 있다. 그러나 어조는 사뭇 달라서 박남철의 시가 훨씬 더 직설적이고 거친 언어로 세상을 저격한다. 파라의 시에서는 신과 인간의 역할 전도에서 유머가 생겨난다면, 신에 대한 분노와 원망이 여과 없이 표출된 박남철의 풍자는 욕설이나 야유에 가깝다. 그러면 이와 같은 패러디를 통해 시인이 궁극적으로 꾀하는 것은 무엇인가?

시라는 장르의 범주를 확장하고 그 경계를 무너트리기 위해서는 시의 개념 자체를 재설정해야한다. 박남철의 패러디 시는 파라와 마찬가지로 전통적인 시에서 엄숙함과 권위를 몰아내고 지극히 산문적인 날것의 언어를 제시한다. 이와 관련하여 장르로서의 '시'가 아니라 '시적인 것'을 생각해볼 수 있겠다. 스위스의 문예학자 에밀 슈타이거Emil Staiger는 '서정시'와 '서정적인 것'을 각각 장르 개념과 양식 개념으로 구분하는데, 그의 제

안에 따르면, 서정시라고 해서 반드시 서정 양식을 드러내는 것은 아니며, 서정적인 것이 서정시 안에만 배타적으로 존재하는 것도 아니다. 다시 말해 "시적인 것은 시 속에서 발현되기도 하지만, 그렇다고 해서 반드시 시를 통해서만 구현되는 것은 아니다". 예컨대 시적인 것은 비지땀을 흘리며 일하는 농부가 내뱉는 한숨에도 존재할 수 있고, 전화기 너머로 들려오는 사랑하는 사람의 달콤한 말에서도 느껴질 수 있다.

평론가 박형준에 따르면, 시라는 것이 어떤 규범에 갇혀 있다면 시적인 것은 시라는 정형화된 제도, 즉 인습적인 질서를 재생산하는 상징체계에 대한 도전이자 교란이라는 점에서 탈규범성을 지닌다. 그래서 우리 문학에서도 시가 아니라 시적인 것을 추구해야 한다는 주장이 설득력을 얻고 일정한 흐름을 형성한 적이 있다.

시적인 것에 무게 중심을 두고 새로운 시론을 제기했던 황지우 시인이 여기에 속한다. 그는 「버라이어티 쇼, 1984」에 붙인 시작 메모에서 이렇게 말하고 있다.

지난 겨울, 문학을 하겠다는 후배들과 간담하는 자리에서 나는, 詩(시)를 언어에서 출발하지 말고 '詩的(시적)인 것'의 발견으로부터 출발해보는 것이 어떻겠느냐고 말한 적이 있다.

이 말이 함축하는 것, 즉 시적인 것의 추구가 황지우, 박남철 그리고 파라의 접점인 셈이다. 파라도 정형화된 제도로서의 시에 얽매이지 않고 그 범주를 시적인 것으로 확장함으로써 장르의 확장 또는 탈장르화라는 결과를 낳았으니 말이다.

「버라이어티 쇼, 1984」에서 황지우는 파라보다 훨씬 더 극단적인 전위적 실험시를 보여준다.

저 새끼가 죽을라고 환장을 했나, 야 새끼야 눈깔을 엇다 뜨고 다녀? / 뭐 새끼야? 이 새끼가 엇다 대고 새끼야 새끼야 나발까는 거야? 左回轉車線

(좌회전차선)에서 영업용 택시 운전수와 자가용 운전자(ah, he owns a Mark V GXL Ford)가 손가락을 하늘로 찔러대면서 악쓴다.

하늘 높이, 아니 하늘 높은 줄 모르게, 교회 첨탑이 솟아 있다. 빨간 네온싸인 十字架(십자가)가 빨간 네온싸인의 '영동 카바레' 위에 켜져 있다. 무슨 通信社(통신사) 안테나塔(탑) 같은 게…… 늦은 밤까지 어떤 썩을 놈의 영혼들과 交信中(교신중)인지.

못 믿겠어. 그들의 '약속의 땅'으로는 들어가지 않겠어. 침략자들!

언어의 불경함이 두드러지는 이 시에는 그야말로 저잣거리에서나 들을 수 있는 욕설이 난무한다. 택시 운전수와 자가용 운전자가 싸우는 장면 안에도 시적인 것이 존재할 수 있다는 시인의 생각, 일체의 제도와 권위에 대한 도전이 읽히는 시다. 이 시에서는 다음처럼 건조하기 짝이 없는 신문기사조차 시의 일부를 이룬다.

시위 서울大生(대생) 4명 拘束(구속) : 서울 冠岳(관악)경찰서는 15일 교내에서 시위를 주도한 서울大 4년 金(김)영수 (…) 「민주학우투쟁선언문」이라는 反(반)정부유인물 1천여 장을 뿌리며 시위를 주동한 혐의다.

몽타주나 콜라주 기법을 통해 시적인 것의 범주를 무한히 확장한 시라고 하겠는데, 그렇다면 시라는 것은 앞서 우이도브로가 노래한 것처럼 시인이 조물주가 돼서 새롭게 창조해낸 것이 아니라, 화장실에서 우연히 펼쳐본 신문쪼가리의 기사 하나도 시 내지는 시적인 것이 될 수 있다는 것이다. 파라가 유사한 방식으로 시도한 것처럼, 이제 시는 강의, 르포, 신문기사, 뉴스, 상업 광고, 가십 등 다양한 담론들의 경연장인 카니발적 텍스트가 된다.

이처럼 황지우, 박남철 등의 주도로 1980년대에 해체시라는 이름으로 등장한 흐름은 정형화된 전통시의 틀을 깨고 언어를 개념으로부터 해방시키기 위해 보다 개방적이고 형태 파괴적인 시를 시도했다. 정도의 차이는 있지만, 반시와 마찬가지로 해체시도 시에 대한 통념을 무너트리는 대담하고 실험적인 작업을 통해 강렬한 부정의 정신을 효과적으로 드러냈다. 그들이 1980년대 당시 파라의 존재를 알았는지 모르겠지만, 만약에 영역본으로라도 그의 시를 접했다면 놀라지 않았을까. 세계 문학의 변방으로 생각했던 칠레의 시인이 30년 전에 이런 시를 쓰다니 하고 말이다.

나가는 글

낯선 문학과의 운명 같은 만남

이른 나이에 뜻을 세우고 흔들림 없이 한 길을 가는 사람들이 부럽다. 나의 삶은 늘 머뭇거림의 연속이었기 때문이다. 라틴아메리카와의 인연은 1983년에 시작되었다. 서울에 올라와 입시 학원에 다니고 있을 때였다. 대학 입시 제도의 변화로 노량진 학원가에 난데없이 스페인어 붐이 일었던 것으로 기억한다. 하루는 호기심에 친구들을 따라 학원 강의실까지 가게 되었는데, 그때 칠판에 적혀 있던 말이 '나는 모른다'는 뜻의 스페인어 표현인 '놀로세no lo sé'였다. 생전 처음 스페인어를 접한 그날 이후 35년이 넘는 긴 세월이 흘렀지만 지금도 여전히 '놀로세'의 언저리를 맴돌고 있다.

두메산골에서 태어나 초등학교 교사를 꿈꾸던 내가 어

떻게 낯설기만 한 언어와 문학을 선택하게 되었는지 돌이켜보면 그저 신기하기만 하다. 그래서 누가 물어오면 '어쩌다 보니 그렇게 됐어'라는 궁색한 대답 대신 이따금 운명이라는 거창한 말을 들먹이곤 한다. 한순간의 짧은 인연으로 신설 학과에 입학하고 나서 라틴아메리카 문학에 본격적으로 관심을 갖게 된 것은 파블로 네루다의 시를 접하면서부터였다. 네루다의 광대무변한 시 세계와 불의에 맞섰던 저항 시인의 실천적 삶은 라틴아메리카 문학에 생무지였던 나의 눈길을 사로잡았다. 분명 시의 아우라가 빛을 발하던 1980년대의 분위기가 큰 영향을 미쳤을 것이다. 어쩌다 영어에서 중역된 번역서나 미군 부대에서 흘러나온 스페인어 원서만 눈에 띄어도 반갑기 그지없던 시절, 칠레의 시인을 만난 것은 분명 행운이었다. 낯선 문학 앞에서 막막하던 그때 가장 큰 위로와 힘이 됐던 것은 "익숙함은 인식의 장애"라는 체코 철학자 코지크 Karel Kosik 의 말이었다.

미셸 푸코의 『말과 사물』 서문을 보면 이 책의 집필에 영감을 준 보르헤스의 텍스트에 관한 이야기가 길게 이어지는데, 1986년 국내에 처음 소개된 번역서에는 '보르게스'로 표기되어 있다. 그것도 보르헤스가 영광의 인생 여정을 끝마치던 해에 한 철학 전문가의 번역으로 출간된 책이 그렇다. 또한 1993년에 번역된 함부르거^{Michael Hamburger}의 『현대시의 변증법』에는 세사르 바예호^{César Vallejo}가 '세자르 발레요'로 표기된 적도 있다.

이것은 스페인어에서 독특한 음가를 갖는 'Borges'의 'g' 와 'Vallejo'의 'j'를 제대로 옮겨 적지 못한 결과인데, 라틴아메리카 대표 작가들의 상황이 이러하니 다른 작가들은 말할 것도 없다. 이와 같은 현상은 기본적으로 무관심과 오만에서 비롯한 것이다. 지극히 단편적인 해프닝으로 치부할 수도 있겠지만, 어쩌면 작가들의 이름을 제대로 호명하는 것부터가 서구의 프리즘을 통과하면서 굴절되고 왜곡돼온 라틴아메리카의 이미지를 바로잡는 첫걸음일지도 모르겠다. 물론 당시의 열악한 출판 환경을 고려하더라도 학문의 저변을 넓히는 일에 게을렀던 라틴아메리카 문학 전공자들의 책임이 가장 크다는 것은 부인할 수 없다.

그런데 최근에는 상황이 많이 달라져서 라틴아메리카 문학이 비교적 활발히 소개되고 있다. 가르시아 마르케스와 보르헤스는 물론이고 최근 작가인 로베르토 볼라뇨 소설 전작^{全作}이 출간되었을 정도다. 내가 대학에서 라틴아메리카 문학을 공부하던 때와 비교해보면 격세지감이 든다. 이러한 변화는 우리 문학이 지평을 확장하는 데 적잖이 기여하고 있다. 이제 우리 작가들이 라틴아메리카 문학에서 받은 영향에 대해 언급하는 것은 더 이상 낯선 일이 아니다. 그러나 시 장르의 경우는 상황이 크게 다른데, 이는 시가 독서 시장에서 갈수록 외면당하고 있는 현실과 무관하지 않을 것이다. 실제로 앤솔러지 형태로나마 우리나라에 번역된 라틴아메리카 시인들은 이 책에서 집중적으로 다룬 네 시인 외에 마르티, 보르헤스, 파스, 헬만, 볼라뇨 등 손에 꼽을 정도이며, 라틴아메리카 시에 대한 논의도 거의 진공 상태에 놓여 있다고 할 수 있다.

부족하기 짝이 없지만, 대학에서 오랫동안 담당해온 라틴아메리카 시 관련 강의를 바탕으로 삼은 이 책이 풍요로운 라틴아메리카 시의 확산을 위한 작은 디딤돌이 되기를 바란다. 또한 이 책에서 다룬 시인들의 문학을 향한 분투의 기록이 시를 더 가까이 호흡하고, 나아가 서구 중심부 문학 위주의 독서 편식을 벗어나 좀 더 균형 잡힌 시각으로 세계를 조망하는 데 보탬이 되었으면 좋겠다. 코지크에게 다시 기댄다면, 익숙지 않은 시로써 세상을 새로 보는 경험을 할 수도 있지 않겠는가.

　일반 시민을 상대로 진행한 강의를 녹취하여 책으로 펴낸 만큼 구성이 체계적이지 못하고 설익은 생각들이 수두룩하다. 또한 라틴아메리카 문학의 주춧돌을 놓은 루벤 다리오, 그리고 그 문학의 영광과 승리를 대변하는 파블로 네루다, 세사르 바예호, 니카노르 파라 등 네 명의 대표 시인을 통해 전체의 축도를 제시하려다 보니, 설명이 친절하지 못하고 군데군데 논리적 비약과 지나친 일반화가 드러난 것이 눈에 거슬린다. 이 점에 대해 독자들에게 너그러운 이해를 구한다. 마지막으로 이 책에는 참고문헌에 수록된 자료들에 빚진 생각과 표현들이 촘촘하게 스며 있으며 인용된 작품 중 일부는 기존 번역을 참조했음을 밝힌다.

참고문헌

1. 기형도, 『기형도 전집』, 문학과지성사, 1999.

2. 김현, 『韓國文學의 位相』, 문학과지성사, 1977.

3. 김현, 『행복한 책읽기』, 문학과지성사, 2015.

4. 김현균, 「니까노르 빠라의 시에 나타난 시적 자아에 관한 연구」, 『스페인어문학』 28, 2003.

5. 김현균, 「한국 속의 빠블로 네루다」, 『스페인어문학』 40, 2006.

6. 김현균, 「스페인 내전과 마추픽추, 혁명 시인 네루다의 터닝 포인트」, 『신생』 73, 2017.

7. 김현균, 「좋은 독자, 좋은 작가」, 『월간 에세이』 388, 2019.

8. 니까노르 빠라, 『벽에 그려진 얼굴들』, 전기순 옮김, 고려원, 1993.

9. 니카노르 파라, 『아가씨와 죽음』, 강태진 옮김, 솔출판사, 1995.

10. 니카노르 파라, 『시와 반시』, 박대겸 옮김, 읻다, 2017.

11. 니카노르 파라 외, 『태양의 돌』, 민용태 옮김, 창비, 2013.

12. 로베르토 페르난데스 레타마르, 『칼리반』, 김현균 옮김, 그린비, 2017.

13. 루벤 다리오, 『봄에 부르는 가을 노래』, 김현균 옮김, 글누림, 2012.

14. 마테이 칼리니스쿠, 『모더니티의 다섯 얼굴』, 이영욱 외 옮김, 시각과언어, 1998.

15. 미셸 푸코, 『말과 사물』, 이광래 옮김, 민음사, 1986.

16. 박남철, 『地上의 人間』, 문학과지성사, 1984.

17. 박형준, 「알레테이아의 총구」, 『시와 반시』 104, 2018.

18. 방민호 외, 『세계를 바꾼 현대 작가들』, 문화체육관광부, 2018.

19. 서울대학교 서어서문학과·라틴아메리카연구소 편, 『스페인어권 명작의 이해』, 서울대학교출판문화원, 2018.

20. 서정연, 「바예호와 기형도 시에 나타난 부조리의 인식과 극복」, 서울대학교 서어서문학과 졸업논문, 2010.

21. 세사르 바예호, 『하얀 돌 위에 검은 돌』, 민용태 옮김, 고려원, 1995.

22. 세사르 바예호, 『오늘처럼 인생이 싫었던 날은』, 고혜선 옮김, 다산책방, 2017.

23. 세사르 바예호 외,『체의 녹색 노트』, 구광렬 옮김, 문학동네, 2011.

24. 샤를 보들레르,『악의 꽃』, 황현산 옮김, 민음사, 2016.

25. 안토니오 스카르메타,『네루다의 우편배달부』, 우석균 옮김, 민음사, 2004.

26. 애덤 펜스타인,『빠블로 네루다』, 김현균·최권행 옮김, 생각의나무, 2005.

27. 옥타비오 파스,『활과 리라』, 김은중·김홍근 옮김, 솔출판사, 1998.

28. 옥타비오 파스,『흙의 자식들 외』, 김은중 옮김, 솔출판사, 1999.

29. 장정일,『생각』, 행복한책읽기, 2005.

30. 파블로 네루다,『실론 섬 앞에서 부르는 노래』, 고혜선 옮김, 문학과지성사, 2000.

31. 파블로 네루다,『네루다 시선』, 정현종 옮김, 민음사, 2007.

32. 파블로 네루다,『파블로 네루다 자서전: 사랑하고 노래하고 투쟁하다』, 박병규 옮김, 민음사, 2008.

33. 파블로 네루다,『네루다 시선』, 김현균 옮김, 지만지, 2014.

34. 파블로 네루다,『모두의 노래』, 고혜선 옮김, 문학과지성사, 2016.

35. 파블로 네루다,『너를 닫을 때 나는 삶을 연다』, 김현균 옮김, 민음사, 2019.

36. 호르헤 루이스 보르헤스,『바벨의 도서관』, 김춘진 옮김, 도서출판 글, 1992.

37. 호르헤 루이스 보르헤스,『창조자』, 우석균 옮김, 민음사, 2019.

38. 호세 마르티, 『호세 마르티 시선집』, 김수우 옮김, 글누림, 2019.

39. 호세 카를로스 마리아테기, 「세사르 바예호」, 우석균 옮김, 『지구적 세계문학』 11, 2018.

40. 호세 카를로스 카네이로, 『책과 밤을 함께 주신 신의 아이러니』, 김현균 옮김, 다락방, 2005.

41. 황지우, 『겨울-나무로부터 봄-나무에로』, 민음사, 1985.

42. 황지우, 『어느 날 나는 흐린 酒店에 앉아 있을 거다』, 문학과지성사, 1998.

43. 황현산, 『잘 표현된 불행』, 난다, 2019.

44. 후고 프리드리히, 『현대시의 구조: 보들레르에서 20세기까지』, 장희창 옮김, 한길사, 1996.

45. Alonso, Amado(1997), *Poesía y estilo de Pablo Neruda*, Madrid: Gredos.

46. Anderson-Imbert, Enrique(1970), *La originalidad de Rubén Darío,* Buenos Aires: Centro Editor de América Latina.

47. Britton, Robert K.(2015), *The Poetic and Real Worlds of César Vallejo: A Struggle Between Art and Politics(1892-1938)*, Eastbourne: Sussex Academic Press.

48. Carrasco, Iván(1999), *Para leer a Nicanor Parra*, Santiago de Chile: Ediciones Universidad Nacional Andrés Bello.

49. Clayton, Michelle(2011), *Poetry in Pieces: César Vallejo and Lyric Modernity*, Berkeley: University of California Press.

50. Concha, Jaime(1975), *Rubén Darío*, Barcelona: Ediciones Júcar.

51. Darío, Rubén(1992), *Azul.../Cantos de vida y esperanza*, Edición Álvaro Salvador, Madrid: Espasa Calpe.

52. Darío, Rubén(1992), *Prosas profanas*, Edición de José Olivio Jiménez, Madrid: Alianza.

53. De Costa, René(1979), *The Poetry of Pablo Neruda*, Cambridge: Harvard University Press.

54. Durán, Manuel, y Safir, Margery(1981), *Earth Tones: The Poetry of Pablo Neruda*, Bloomington: University of Indiana Press.

55. García Márquez, Gabriel(2010), *Yo no vengo a decir un discurso*, Bogotá: Random House Mondadori.

56. Gutiérrez Girardot, Rafael(2000), *César Vallejo y la muerte de Dios*, Bogotá: Panamericana Editorial.

57. Hart, Stephen M.(1987), *Religión, política y ciencia en la obra de César Vallejo*, London: Tamesis Books.

58. Livak, Lily, ed.(1975), *El modernismo*, Madrid: Taurus.

59. Mariátegui, José Carlos, *7 ensayos de interpretación de la realidad peruana*, Caracas: Fundación Biblioteca Ayacucho, 2007.

60. Merino, Antonio, ed.(1988), *En torno a César Vallejo*, Barcelona: Ediciones Júcar.

61. Montes, Hugo, y Rodríguez, Mario(1970), *Nicanor Parra y la poesía de lo cotidiano*, Santiago de Chile: Editorial del Pacífico.

62. Neruda, Pablo(1999), *Obras Completas*, Edición de Hernán Loyola, Barcelona: Galaxia Gutenberg.

63. Parra, Nicanor(2001), *Páginas en blanco*, Selección y edición de Niall Binns, Salamanca: Ediciones de Universidad de Salamanca.

64. Paz, Octavio(1991), *Cuadrivio*, Barcelona: Seix Barral.

65. Pérez, Alberto Julián(1992), "Notas sobre las tendencias de la poesía post-vanguardista en Hispanoamérica", *Hispania*, 75(1).

66. Rama, Ángel(1970), *Rubén Darío y el modernismo*, Caracas: Ediciones de la Biblioteca de la Universidad Central de Venezuela.

67. Rodríguez Monegal, Emir(1988), *Neruda, el viajero immóvil*, Barcelona: Editorial Laia.

68. Rosas Martínez, Alfredo, ed.(2016), *En la costa aún sin mar. César Vallejo ante la crítica en el siglo XXI*, Ciudad de México: Ediciones Eón.

69. Salinas, Pedro(1975), *La poesía de Rubén Darío*, Barcelona: Seix Barral.

70. Schopf, Federico(2000), *Del vanguardismo a la antipoesía*, Santiago de Chile: LOM Ediciones.

71. Schulman, Ivan A.(1992), *Recreaciones: Ensayos sobre la obra de Rubén Darío,* Hanover: Ediciones del Norte.

72. Solá, María Magdalena(1980), *Poesía y política en Pablo Neruda*, Río Piedras: Editorial Universitaria.

73. Vallejo, César(1994), *Obra poética completa, Introducción de Américo Fer-rari*, Madrid: Alianza Editorial.

74. Vallejo, César(1996), *Narrativa completa*, Edición de Antonio Merino, Madrid: Akal Ediciones.

75. Villegas, Juan(1976), *Estructuras míticas y arquetipos en el Canto General de Neruda*, Barcelona: Planeta.

76. Yamal, Ricardo(1985), *Sistema y visión de la poesía de Nicanor Parra*, Valencia: Albatros Hispanófila.

KI신서 8749

어둠을 뚫고 시가 내게로 왔다

1판 1쇄 인쇄 2019년 10월 21일
1판 3쇄 발행 2024년 5월 1일

지은이 김현균
펴낸이 김영곤
펴낸곳 ㈜북이십일 21세기북스

서가명강팀장 강지은 **서가명강팀** 박강민 서윤아
디자인 THIS-COVER
출판마케팅영업본부장 한충희
마케팅2팀 나은경 정유진 백다희 이민재
출판영업팀 최명열 김다운 김도연 권채영
제작팀 이영민 권경민

출판등록 2000년 5월 6일 제406-2003-061호
주소 (10881) 경기도 파주시 회동길 201 (문발동)
대표전화 031-955-2100 **팩스** 031-955-2151 **이메일** book21@book21.co.kr

(주)북이십일 경계를 허무는 콘텐츠 리더

21세기북스 채널에서 도서 정보와 다양한 영상자료, 이벤트를 만나세요!
장강명, 요조가 진행하는 팟캐스트 말랑한 책 수다 <책, 이게 뭐라고>
페이스북 facebook.com/jiinpill21   포스트 post.naver.com/21c_editors
인스타그램 instagram.com/jiinpill21   홈페이지 www.book21.com
유튜브 youtube.com/book21pub

서울대 가지 않아도 들을 수 있는 명강의! <서가명강>
네이버 오디오클립, 팟빵, 팟캐스트에서 '서가명강'을 검색해보세요!

ⓒ 김현균, 2019

ISBN 978-89-509-8405-2 04300
        978-89-509-7942-3 (세트)